PAPST FRANZISKUS

Über Himmel und Erde

GOLDMANN

Lesen erleben

Buch

Drei Jahre vor seiner Wahl zum Papst sprach Jorge Bergoglio mit seinem lang-
jährigen Freund, dem Rabbiner Abraham Skorka, über seine ganz persönlichen
Ansichten zu Glauben, Kirche, Politik und Gesellschaft. Jorge Bergoglio und
Abraham Skorka, beide begeisterte Fußballfans, lernten sich vor über zwanzig
Jahren kennen. Mit der Zeit wurden sie gute Freunde, die über alle wichtigen
Themen des Lebens diskutierten. Eines Tages beschlossen sie, ihre Gespräche
schriftlich festzuhalten – das daraus entstandene Buch ist Zeugnis einer berüh-
renden Freundschaft und eines vorbildlichen interreligiösen Dialogs.

Autoren

JORGE BERGOGLIO wurde am 17. Dezember 1936 in Buenos Aires geboren. 1958
trat er in den Jesuitenorden ein, 1969 wurde er zum Priester und 1992 zum
Bischof geweiht. Seit 1998 war Bergoglio Erzbischof von Buenos Aires. 2001
erfolgte die Ernennung zum Kardinal mit der Titelkirche San Roberto Bellarmi-
no. Seit dem 13. März 2013 ist er Papst Franziskus, der erste Lateinamerikaner
in diesem Amt.

ABRAHAM SKORKA wurde am 5. Juli 1950 in Buenos Aires geboren. Er ist
Biophysiker, Rabbiner und Fachbuchautor. Abraham Skorka ist Rektor des la-
teinamerikanischen Rabbinerseminars in Buenos Aires, Rabbiner der jüdischen
Gemeinde Benei Tikva, Professor der biblischen und rabbinischen Literatur und
Lehrer für talmudisches Recht.

Papst Franziskus

ÜBER HIMMEL UND ERDE

Jorge Bergoglio
im Gespräch mit dem Rabbiner
Abraham Skorka

Herausgegeben
von Diego F. Rosemberg

Aus dem Spanischen
von Silke Kleemann
und Matthias Strobel

GOLDMANN

Die spanische Originalausgabe erschien 2010
unter dem Titel »Sobre el cielo y la tierra«
bei Random House, Mondadori, S.A.

 Dieses Buch ist auch als E-Book erhältlich.

Verlagsgruppe Random House FSC® N001967
Das FSC®-zertifizierte Papier *Holmen Book Cream* für dieses Buch
liefert Holmen Paper, Hallstavik, Schweden.

1. Auflage
Taschenbuchausgabe Dezember 2014
Wilhelm Goldmann Verlag, München,
in der Verlagsgruppe Random House GmbH
Copyright © der deutschsprachigen Originalausgabe 2013
by Riemann Verlag, München,
in der Verlagsgruppe Random House GmbH
© 2010, Cardenal Jorge Mario Bergoglio
© 2010, Rabino Abraham Skorka
© 2010, Random House Mondadori, S.A.
Lektorat: Dr. Karl Pichler
Umschlaggestaltung: UNO Werbeagentur, München,
unter Verwendung eines Umschlagmotivs von: © Picture Alliance / dpa
DF · Herstellung: Str.
Druck und Einband: GGP Media GmbH, Pößneck
Printed in Germany
ISBN: 978-3-442-15839-3
www.goldmann-verlag.de

Besuchen Sie den Goldmann Verlag im Netz

INHALT

Der Dialog als Erfahrung

Abraham Skorka

»Und Gott sprach zu ihnen: …«[1] So beginnt der erste Dialog in der Bibel. Die einzige Kreatur, an die sich der Schöpfer in diesem Sinn wendet, ist der Mensch. Aus der Erzählung der Genesis geht hervor, dass sich der Mensch durch diese besondere Eigenschaft auszeichnet: sich mit der Natur, dem Nächsten, sich selbst und mit Gott in Beziehung setzen zu können.

Die Beziehungen, die der Mensch eingeht, sind keine für sich stehende, abgetrennte Einheiten: Die Beziehung zur Natur wird gespeist von der Beobachtung und der inneren Verarbeitung des Beobachteten; die zum Nächsten von Gefühlen und Erfahrungen; die zu Gott aus der Tiefe des Seins, genährt von den beiden anderen Beziehungen und dem Dialog mit sich selbst.

Ein wahrer Dialog verlangt, dass man versucht, seinen Gesprächspartner kennenzulernen und zu verstehen. Er bildet den Wesenskern des denkenden Menschen. Oder wie es – auf seine Weise – Ernesto Sabato formuliert hat: »Man

reist in ferne Länder oder versucht, die Menschen kennenzulernen, oder erforscht die Natur oder sucht Gott. Und am
Ende stellt man fest: Das Gespenst, das man verfolgt hat,
war man selbst.«[2]

Im Dialog mit dem Nächsten sind Wörter Kommunika-
tionsvehikel, deren Bedeutung nicht immer konstant bleibt,
nicht einmal für die Mitglieder derselben Sprachgemein-
schaft. Jeder verleiht den Wörtern, die den idiomatischen
Pool ausmachen, seine eigenen Nuancen. Der Dialog zwingt
uns, uns gegenseitig zu entdecken.

»Der Herr wacht über den Atem des Menschen, er
durchforscht alle Kammern des Leibes.«[3] Einen Dialog zu
führen bedeutet in einem tieferen Sinne, seine Seele der
Seele des anderen zu nähern, um dessen Inneres zu offenbaren und zu beleuchten.

Immer dann, wenn ein wahrer Dialog entsteht, werden
die Gemeinsamkeiten sichtbar: dass man sich dieselben
existenziellen Fragen stellt und dass man sich mit denselben Problemen und deren komplexen Lösungen auseinandersetzen muss. Die eigene Seele spiegelt sich in der Seele
des anderen. Der göttliche Atem, den jeder besitzt, verei-
nigt sich zu einem Band, das nie nachgibt. Oder wie es geschrieben steht: »Und eine dreifache Schnur reißt nicht so
schnell.«[4]

Kardinal Bergoglio und ich haben uns oft getroffen,
unter wechselnden Vorzeichen und Umständen. Und jedes
Treffen hat uns einander ein Stückchen näher gebracht.

An manchen Tagen legten wir einen Ort und eine Uhr-
zeit fest, um einfach nur zu reden. Unser Thema war das
Leben in all seinen Facetten: die argentinische Gesellschaft,

die Probleme der Welt, die menschliche Niedertracht und Größe. Es waren Gespräche privater Natur, denen nur Er lauschte. Auch wenn wir seinen Namen nicht ständig im Munde führten, spürten wir doch stets seine Gegenwart.

Wir trafen uns immer häufiger, und jede Begegnung hatte ihre eigenen Themen. Einmal, in meinem Arbeitszimmer in der Gemeinde, sprachen wir über die Dokumente, die dort an den Wänden hängen. Ich richtete meine Aufmerksamkeit auf einige handgeschriebene Notizen des berühmten Denkers und Rabbiners Abraham Joshua Heschel. Mein Freund hingegen verharrte vor einer Grußbotschaft, die er vor einigen Jahren, am jüdischen Neujahrsfest, in der Synagoge an die jüdische Gemeinde gerichtet hatte und die gleich neben Heschels Manuskripten hing. Während ich Ordnung in meinen stets etwas unordentlichen Arbeitsplatz brachte, beobachtete ich, wie er vor jenem Schriftstück stand, das er selbst datiert und firmiert hatte.

Meine Neugier war geweckt. Was mochte ihm in diesem Moment durch den Kopf gegangen sein? Was besagte seine Geste? Dass er wie ich dieses Dokument als ein wertvolles Zeugnis für den Dialog zwischen den Religionen erachtete? Ich habe ihn nicht gefragt. Manchmal enthält ein Schweigen bereits die Antwort.

Einige Zeit später trafen wir uns wieder, diesmal in seinem erzbischöflichen Büro. Wir unterhielten uns über das Religiöse in der lateinamerikanischen Dichtung. Er sagte: »Ich besitze eine zweibändige Anthologie zu diesem Thema, die ich Ihnen gern einmal leihe. Warten Sie bitte einen Moment auf mich, ich hole sie schnell aus der Bibliothek.« Nun war ich allein in seinem kleinen Arbeitszimmer. Ich betrachtete einige Fotos, die in einem Regal standen. Diese Menschen müssen ihm lieb und teuer sein, dachte ich. Plötzlich entdeckte ich unter all den Bildern auch ein gerahmtes Foto von uns beiden, das ich ihm einmal geschenkt hatte. Aufgenommen worden war es bei einer Veranstaltung, die wir gemeinsam besucht hatten.

Ich war gerührt. Und hatte die Antwort auf meine Frage gefunden.

Bei dieser Begegnung beschlossen wir, dieses Buch zu schreiben.

Jeder, der Rabbiner werden will, geht eine besondere Verpflichtung gegenüber Gott ein. Als Schriftgelehrter muss er ein Vorbild sein, mehr als jeder andere Jude. Und wenn er erst einmal in Amt und Würden ist, ist er den Menschen diese Verpflichtung gegenüber Gott schuldig. Wie ein Prophet, der in der Einsamkeit erleuchtet wurde, muss er sich anschließend wieder unter die Menschen begeben und sie die Grundsätze seiner neu erworbenen Spiritualität lehren. Denn diese Spiritualität gewinnt laut Bibel nur dann ihren Sinn, wenn er sie mit vielen teilt.

Ein Rabbiner ist zwar ein Mann des gesprochenen Wortes, doch besteht immer der Reiz, die Begriffe zu schärfen und in Schriftform zu gießen. Das gesprochene Wort verblasst mit der Zeit oder verkehrt sich gar in sein Gegenteil. Was hingegen schriftlich festgehalten ist, überdauert und ermöglicht vielen den Zugang.

Mit Kardinal Bergoglio teilte ich diese beiden Einsichten. Der Kern unserer Sorge, das zentrale Thema unserer Gespräche war und ist stets das Individuum und seine Problematik. Beide ziehen wir die Spontaneität des Mündlichen der Strukturiertheit des Schriftlichen vor. Die Privatheit unserer Gespräche in die Öffentlichkeit eines Buches zu übertragen bedeutete, uns dem Nächsten anheimzugeben, wer immer dieser Nächste sein mochte; den privaten Dialog in ein Gespräch mit vielen zu verwandeln hieß, unsere Seelen zu entblößen und die Risiken in Kauf nehmen, die damit einhergehen. Wir haben es dennoch gewagt, weil wir zutiefst überzeugt sind, dass dies der einzige Weg ist, dem Wesen des Menschseins näherzukommen. Und damit Gott.

Das Giebeldreieck als Spiegel

Jorge Bergoglio

Der Rabbiner Abraham Skorka erwähnt in einem Text einmal das Giebeldreieck der Kathedrale von Buenos Aires. Es zeigt die Begegnung Josefs mit seinen Brüdern. Jahrzehnte der Entfremdung fließen in diese Umarmung ein. Da gibt es Tränen und auch eine tief empfundene Frage: Ist mein Vater noch am Leben?[5] Nicht ohne Grund wurde dieses Relief dort zu Zeiten der Herausbildung der Nation angebracht: Es stand für die Sehnsucht der Argentinier nach Wiederbegegnung. Die Szene zielt auf die Bemühung, eine »Kultur der Begegnung« zu begründen. Mehrfach habe ich auf die Schwierigkeiten hingewiesen, die wir Argentinier damit haben, diese »Kultur der Begegnung« zu festigen, uns scheinen vielmehr die Zerstreuung und die von der Geschichte geschaffenen Abgründe zu verführen. Zeitweise identifizierten wir uns sogar stärker mit denen, die Mauern errichten, als mit denen, die Brücken bauen. Es fehlen die Umarmung, die Tränen und die Frage nach dem Vater, nach dem Patrimonium, nach den Wurzeln des Vaterlandes. Der Dialog kommt zu kurz.

Stimmt es, dass wir Argentinier keinen Dialog miteinander führen möchten? Das würde ich so nicht sagen. Eher denke ich, wir sind Haltungen zum Opfer gefallen, die uns nicht erlauben, einen Dialog zu führen: Überheblichkeit, Nicht-zuhören-Können, der gereizte Ton der gesprochenen Sprache, Aburteilung im Voraus und so viele andere.

Der Dialog entsteht aus einer respektvollen Haltung einer anderen Person gegenüber, aus der Überzeugung, dass der andere etwas Wertvolles zu sagen hat, Voraussetzung dafür ist, im eigenen Herzen Platz zu machen für den Standpunkt, die Meinung und das Angebot des anderen. Ein Dialog schließt eine herzliche Aufnahme ein und keine Vorverurteilung. Für einen Dialog muss man seine Abwehr sinken lassen können, die Tore des Hauses öffnen und menschliche Wärme bieten.

Im Alltagstrubel verhindern vielerlei Barrieren den Dialog: Desinformation, Klatsch, Vorurteile, üble Nachrede, Verleumdung. Alle diese Realitäten ergeben eine gewisse kulturelle Sensationsmache, die jedwede Öffnung zum anderen hin erstickt. Und so geraten Dialog und Begegnung ins Stocken.

Doch das Giebeldreieck der Kathedrale spricht weiter seine Einladung aus.

Rabbi Skorka und ich haben es verstanden, einen Dialog zu führen, und das hat uns gutgetan. Ich weiß nicht, wie unser Dialog anfing, doch ich kann mich erinnern, dass es keine Mauern oder Vorbehalte gab. Seine unverfälschte Einfachheit erleichterte das, ich konnte ihn sogar nach einer Niederlage von River[6] fragen, ob er an diesem Abend Hühnereintopf essen würde.

Als er mir vorschlug, einige unserer Dialoge zu veröffentlichen, sagte ich spontan ja. Als ich später, allein mit mir, über eine Erklärung für diese so unmittelbare Antwort nachdachte, kam ich zu dem Schluss, dass sie unserer Dialogerfahrung aus so langer Zeit zu danken war, einer reichen Erfahrung, die eine Freundschaft entstehen ließ und Zeugnis davon ablegen würde, wie wir von unseren unterschiedlichen religiösen Identitäten aus auf einem gemeinsamen Weg gehen.

Mit Rabbi Skorka musste ich nie meine katholische Identität aushandeln, wie auch er es nicht mit seiner jüdischen tat, und das nicht nur aus dem Respekt heraus, den wir füreinander empfinden, sondern auch, weil dies unserer Auffassung vom interreligiösen Dialog entspricht. Die Herausforderung bestand darin, mit Respekt und Zuneigung weiterzugehen, in Gottes Gegenwart weiterzugehen und dabei möglichst rechtschaffen zu sein.

Dieses Buch bezeugt unseren Weg … Rabbi Skorka betrachte ich als Bruder und Freund, und ich glaube, wir beide haben im Lauf dieser Gespräche nie aufgehört, mit den Augen des Herzens zu jenem so beredten und verheißungsvollen Giebeldreieck der Kathedrale aufzublicken.

1. Über Gott

Skorka: Wir kennen uns nun schon seit vielen Jahren, und in dieser Zeit ist zwischen uns eine brüderliche Freundschaft entstanden. An einer Stelle im Talmud heißt es, Freundschaft bedeute, Mahlzeiten und Momente zu teilen, doch dann folgt der Hinweis, wahre Freundschaft bestehe darin, dem anderen die Wahrheit des Herzens zu offenbaren. Genau dies ist im Laufe der Zeit zwischen uns geschehen. Zweifellos war und ist es zuallererst Gott, der uns zusammengeführt hat, der dafür gesorgt hat, dass sich unsere Wege kreuzen, der es möglich gemacht hat, uns gegenseitig diese Wahrheit des Herzens zu offenbaren. Obwohl wir in unseren Gesprächen unzählige Themen angeschnitten haben, sprachen wir doch nie explizit über Gott. Stillschweigend war er natürlich immer anwesend. Es scheint mir daher eine gute Idee zu sein, unser Gespräch, von dem wir in diesem Buch Zeugnis ablegen wollen, mit dem zu beginnen, der in unserem Leben eine solch große Bedeutung hat.

Bergoglio: Das Wort *Weg* gefällt mir sehr gut! In der persönlichen Gotteserfahrung muss man sich auf den Weg machen. Gott, würde ich sagen, begegnet man beim Gehen, beim Voranschreiten, indem man ihn sucht und sich von Ihm suchen lässt. Es sind zwei Wege, die sich treffen. Auf der einen Seite der unsere, der ihn sucht, angetrieben von der Sehnsucht des Herzens. Und später, wenn wir uns finden, begreifen wir, dass Er uns schon zuvor gesucht hat, uns *zuvorkam*. Die anfängliche religiöse Erfahrung ist die des Weges: Zieh in das Land, das ich dir geben werde.[7] Dieses Versprechen macht Gott Abraham. Und mit diesem Versprechen, auf diesem Weg, wird ein Bündnis begründet, das sich über die Jahrhunderte festigt. Deshalb sage ich, dass meine Gotteserfahrung auf dem Weg geschieht, auf der Suche, dabei, mich suchen zu lassen. Das kann auf verschiedenen Wegen geschehen, auf dem des Schmerzes, der Freude, des Lichts, der Dunkelheit.

Skorka: Was Sie da sagen, erinnert mich an verschiedene Bibelstellen. Zum Beispiel, als Gott zu Abraham sagt: »Geh deinen Weg vor mir, und sei rechtschaffen!«[8] Oder als der Prophet Micha dem Volk Israel erklärt, was Gott erwartet: »Es ist dir gesagt worden, Mensch, was gut ist und was der Herr von dir erwartet.«[9] Zweifellos ist die Gotteserfahrung dynamisch, um ein Wort zu gebrauchen, das wir beide aus den exakten Wissenschaften kennen.[10] Was können wir Ihrer Meinung nach den Menschen unserer Zeit sagen, in der die Idee Gottes so herabgewürdigt, angegriffen und missbraucht wird?

Bergoglio: Zuallererst muss man jedem Menschen sagen, dass er in sich gehen soll. Die Zerstreuung ist ein Bruch im Inneren, sie wird ihn nie dazu führen, sich selbst zu begegnen, sie verhindert diesen Moment, in den Spiegel des eigenen Herzens zu blicken. Dort legt man den Grund: sich selbst zu beherrschen. Dort beginnt der Dialog. Man glaubt manchmal, alles Nötige beisammenzuhaben, aber so ist es nicht. Dem Menschen von heute möchte ich nahelegen, in sich zu gehen, um selbst die Erfahrung zu machen, das Gesicht Gottes kennenzulernen. Deshalb gefällt mir so sehr, was Ijob nach seiner harten Erfahrung und nach Dialogen, die für ihn nichts lösten, sagt: »Vom Hörensagen nur hatte ich von dir vernommen, jetzt aber hat mein Auge dich geschaut.«[11] Ich sage dem Menschen, er soll Gott nicht vom Hörensagen kennen. Den lebendigen Gott wird er mit seinen Augen sehen in seinem Herzen.

Skorka: Das Buch Ijob ist uns eine große Lehre, denn kurzgefasst besagt es, dass wir nicht verstehen können, wie genau Gott sich in seinen jeweiligen Taten kundtut. Ijob, der ein gerechtigkeitsliebender und aufrichtiger Mensch war, will wissen, warum er alles verloren hat, sogar seine Gesundheit. Seine Freunde sagen, Gott habe ihn bestraft, weil er gesündigt habe. Woraufhin er ihnen antwortet, er möge zwar gesündigt haben, aber nicht so schwer. Erst als Gott sich zeigt, beruhigt sich Ijob. Eine Antwort aber erhält er nicht, er spürt lediglich Gottes Präsenz. Aus dieser Geschichte lassen sich mehrere Schlüsse ziehen, die meine persönliche Auffassung von Gott prägen. Erstens: dass Ijobs Freunde – die die These vertraten: »Du hast gesündigt, also hat Gott dich bestraft«, und somit Gott zu einer Art strafenden oder belohnenden Computer degradierten – sich der Arroganz und Dummheit schuldig gemacht haben. Am Ende der Geschichte sagt Gott, Ijob – der ihm so bitterlich vorgeworfen hat, ihn ungerecht behandelt zu haben –, solle Fürbitte für seine Freunde einlegen, weil sie nicht recht von ihm geredet hätten.[12] Ijob, der sein Leid in alle vier Himmelsrichtungen geschrien hatte, fand Gottes Wohlgefallen. Seine Freunde, die so schematisch von Gottes Wesen gesprochen hatten, traf sein Zorn.[13] Meinem Verständnis nach offenbart sich uns Gott auf eine sehr subtile Art und Weise. Unser Leid heute kann morgen eine Antwort sein. Und vielleicht sind auch wir eine Antwort auf ein Gestern. Im Judentum ehrt man Gott, indem man die von ihm offenbarten Gebote befolgt. Seine Gegenwart spürt man, indem man sich auf die Suche begibt, auf einen Weg, wie Sie es nannten, den jeder und jede Generation neu bestimmen müssen.

Bergoglio: Ganz genau. Dem Menschen wird die Schöpfung als Gabe in die Hände gelegt. Gott schenkt sie ihm, doch legt er ihm zugleich eine Aufgabe auf: sich die Erde untertan zu machen. Damit erscheint die Urform des Nicht-Kultivierten, nämlich das, was der Mensch erhält, der Rohstoff, den er allmählich beherrschen soll zur Schaffung von Kultur: Aus einem Stück Holz wird ein Tisch gemacht. Doch in einem Moment geht der Mensch über diese Aufgabe hinaus, er lässt sich zu sehr mitreißen und verliert die Ehrfurcht vor der Natur. Daraufhin entstehen die Umweltprobleme, die globale Erwärmung. Das sind die neuen Formen der Unkultur. Die Arbeit des Menschen muss vor Gott und vor sich selbst in einer konstanten Spannung zwischen Gabe und Aufgabe gehalten werden. Wenn der Mensch nur die Gabe für sich behält und die Aufgabe nicht erledigt, erfüllt er seinen Auftrag nicht und bleibt in den Anfängen stecken; lässt er sich zu sehr von der Aufgabe

mitreißen, vergisst er die Gabe und schafft eine konstruktivistische Ethik: Er denkt, alles sei die Frucht seiner Hände
und es gäbe keine Gabe. Das nenne ich das Babel-Syn-
drom.

Skorka: In der rabbinischen Literatur taucht die Frage
auf: Was hat Gott am Turm von Babel nicht gefallen? Warum gebot er dem Bau Einhalt, indem er die Sprachen verwirrte? Die einfachste Erklärung lautet: Weil dieser Bau,
dessen Ziel es war, bis zum Himmel zu gelangen, Teil eines
heidnischen Kultes war. Es war ein Akt der Arroganz gegenüber Gott. Im Midrasch[14] heißt es, Gott habe sich daran
gestört, dass den Erbauern des Turms ein herunterfallender
Ziegelstein mehr Sorgen bereitet habe als ein herunterfallender Mensch. Heute ist es nicht anders: Das Zusammen-
spiel von Gabe und Aufgabe muss stimmen, das Gleichgewicht: Der Mensch soll Fortschritte erzielen, aber nur, um
wieder Mensch zu werden. Zwar ist es Gott, der alles gesät
und geschaffen hat, aber im Zentrum des Materiellen und
des großen göttlichen Werks steht der Mensch. In der heutigen Realität erleben wir, dass einzig und allein der ökonomische Erfolg zählt und nicht mehr das Wohl der Menschen.

Bergoglio: Hervorragend, was Sie da sagen. Im Babel-
Syndrom liegt nicht nur die konstruktivistische Haltung,
sondern es tritt auch die Sprachverwirrung auf. Das ist ty-
pisch für Situationen, in denen die Aufgabe übertrieben
und die Gabe in den Wind geschlagen wird, denn in diesem
Fall führt der reine Konstruktivismus zu einem Mangel an
Dialog, was wiederum Aggression, Desinformation, Ge-
reiztheit mit sich bringt … Wenn man Maimonides und den

heiligen Thomas von Aquin liest, zwei Philosophen, die fast zur selben Zeit – im 12. bzw. 13. Jahrhundert – lebten, sieht man, dass sie immer damit anfangen, sich in den Gegner hineinzuversetzen, um ihn zu verstehen; sie führen einen Dialog mit den Positionen des anderen.

Skorka: Nach talmudischer Lesart war Nimrod ein babylonischer Diktator, der sein Volk unterdrückte, wodurch alle dieselbe Sprache sprachen, nämlich seine. Dieser Tyrann befahl nun den Bau eines Turms, der bis in den Himmel reichen sollte, um sich selbst zu erhöhen und um – mit einem Anflug von Arroganz – Gott näher zu sein. Der Bau war also nicht für die Menschen gedacht. Wichtig war nicht das Wohl aller. Zur Strafe bekam jeder Mensch seine eigene Sprache: weil jeder unter dem Diktat einer despotischen Einheitssprache für sich gebaut hatte und nicht für alle.

2. Über den Teufel

Bergoglio: Theologisch betrachtet ist der Teufel ein Wesen, das gewählt hat, den Plan Gottes nicht zu akzeptieren. Das Meisterwerk des Herrn ist der Mensch, einige Engel akzeptierten das nicht und rebellierten. Der Teufel ist einer davon. Im Buch Ijob ist er der Verführer, der Gottes Werk zu zerstören sucht, der uns zur Selbstzufriedenheit führt, zum Hochmut. Jesus definiert ihn als den Vater der Lüge,[15] und das Buch der Weisheit sagt, Sünde und Tod seien durch den Neid des Teufels[16] auf Gottes Meisterwerk in die Welt gekommen. Seine Früchte sind immer Zerstörung, Spaltung, Hass und Verleumdung. Und in meiner persönlichen Erfahrung spüre ich das jedes Mal, wenn ich versucht bin, etwas anderes zu tun als das, was Gott von mir verlangt. Ich glaube, dass es den Teufel gibt. Vielleicht war es sein größter Erfolg in diesen Zeiten, uns glauben zu lassen, es gäbe ihn nicht, alles werde auf einer rein menschlichen Ebene ausgemacht. Das Leben des Menschen auf Erden ist ein ständiger Kampf, Ijob sagt das in dem Sinne, dass man fortwährend auf die Probe gestellt wird; ein Kampf also, um Situationen zu bewältigen und über sich selbst hinauszuwachsen. Der heilige Paulus nimmt dies und wendet es auf die Athleten an, die im Stadion auf vielerlei verzichten müssen, um zum Erfolg zu kommen. Das christliche Leben ist auch eine Art Athletik, ein Kampf, ein Rennen, wobei man sich von den Dingen freimachen muss, die uns von Gott trennen. Darüber hinaus möchte ich darauf hinweisen, dass eines der Teufel ist und etwas anderes, Sachen oder Personen zu dämonisieren. Der Mensch ist der Versuchung ausgesetzt, doch deshalb sollte man ihn nicht dämonisieren.

Skorka: Die jüdische Auffassung zu diesem Thema ist sehr breit gefächert. In der Mystik gibt es etwas, das sich »der andere Sinn« nennt, etwas, das den Eindruck erweckt, es gäbe tatsächlich so etwas wie die Kräfte des Bösen. In der Bibel taucht zwar das Bild der Schlange auf – das man durchaus als eine böse Kraft deuten könnte, die den Menschen gegen Gott aufwiegelt –, aber beim Satan des Ijob und auch bei dem Satan des Bileam[17] handelt es sich eher um eine Personifikation Gottes. In Ijobs Fall formuliert Satan einen Zweifel, der sich auch in uns bemerkbar macht, wenn ein rechtschaffener Mensch, dem es im Leben an nichts fehlt, Gott dankt: Wenn Gott ihn mit allem gesegnet hat, wieso sollte er ihm nicht dankbar sein? Aber wäre er es auch noch in der Stunde der Verzweiflung? Im Falle Bileams, der von Balak, dem König von Moab, aufgefordert wird, das Volk Israel zu verfluchen, stellt sich der Satan Bileam in den Weg, damit er nicht der Aufforderung Balaks nachkommt und somit gegen den Befehl Gottes verstößt. Beim Thema Gut und Böse, wie es sich in der Schöpfung manifestiert, fällt mir ein Bibelvers ein, der für mich zu den überzeugendsten überhaupt gehört. Er steht im Buch des Propheten Jesaja und besagt, dass Gott das Licht erschafft und das Dunkel macht, dass er das Heil bewirkt und das Unheil erschafft.[18] Es ist eine sehr komplexe Stelle, die ich dergestalt interpretiere, dass es die Dunkelheit an sich nicht gibt, sondern nur die Abwesenheit von Licht. Und genauso gibt es auch das Böse an sich nicht, sondern nur die Abwesenheit des Guten. Statt von einem Engel würde ich auch eher vom Instinkt sprechen. Denn beim Bösen handelt es sich nicht um ein externes Element, sondern um einen Teil im Menschen, der Gott herausfordert.

Bergoglio: In der katholischen Theologie gibt es ebenfalls ein endogenes Element, wobei zur Erklärung der Fall der Natur nach der Ursünde herangezogen wird. Bei dem, was Sie Instinkt nennen, stimme ich mit Ihnen überein. Nicht immer, wenn man etwas Unangebrachtes tut, ist dies dadurch verursacht, dass man vom Teufel angetrieben wird. Man kann aus seiner eigenen Natur heraus etwas Schlechtes tun, aus seinem »Instinkt« heraus, der durch die exogene Versuchung gesteigert wird. In den Evangelien fällt auf, dass Jesus seine Aufgabe mit 40 Tagen Fasten und Gebet in der Wüste beginnt, und in diesem Moment führt Satan ihn mit den Steinen in Versuchung, die zu Brot werden sollen, mit dem Versprechen, ihm werde nichts geschehen, wenn er sich vom Tempel hinabstürze, und mit der Zusage, er werde alles bekommen, was er sich wünsche, wenn er ihn nur anbete.[19] Der Teufel macht sich also die existenzielle Situation des Fastens zunutze und schlägt Jesus einen »allmächtigen Ausweg« vor, der selbstbezogen ist (ein Ausweg der Befriedigung, der Eitelkeit und des Stolzes) und ihn von seinem Auftrag und seiner Identität als »Knecht Jahwes« entfernt.

Skorka: Ob man das Angebot annimmt, ist letztlich eine freie Willensentscheidung jedes Einzelnen. Alles andere sind Auffassungen und Interpretationen, die uns die heiligen Texte nahelegen. Fest steht nur, dass es etwas gibt – nennen wir es nun Instinkt oder Teufel –, das eine Herausforderung darstellt, etwas, das wir beherrschen müssen, damit das Böse gebannt wird. Das Böse darf uns nicht beherrschen.

Bergoglio: Das genau ist der Kampf des Menschen auf Erden.

3. Über Atheisten

Bergoglio: Wenn ich mit Atheisten zusammenkomme, tausche ich mich über menschliche Belange aus, doch ich werfe nicht gleich zu Beginn die Frage nach Gott auf, es sei denn, meine Gesprächspartner tun das selbst. In diesem Fall erzähle ich ihnen, warum ich gläubig bin. Aber das Menschliche bietet so viel, was man teilen kann, an dem man arbeiten kann, dass wir in aller Ruhe gegenseitig unsere Reichtümer ergänzen können. Da ich gläubig bin, weiß ich, dass diese Reichtümer eine Gabe Gottes sind. Ich weiß auch, dass der andere, der Atheist, das nicht weiß. Ich lasse mich auf die Beziehung nicht ein, um einen Atheisten zu bekehren, ich respektiere ihn und zeige mich, wie ich bin. In dem Maße, in dem man sich kennenlernt, stellen sich Wertschätzung, Zuneigung und Freundschaft ein. Ich habe keinerlei Vorbehalte, ich würde nicht zu ihm sagen, dass sein Leben verwerflich ist, denn ich bin überzeugt davon, dass ich kein Recht habe, ein Urteil über die Aufrichtigkeit eines anderen Menschen zu fällen. Erst recht nicht, wenn er menschliche Vorzüge aufweist, solche, die die Leute erhöhen und mir guttun. Insgesamt kenne ich mehr Agnostiker als Atheisten. Agnostiker zweifeln mehr, Atheisten sind überzeugt. Wir müssen uns an die Botschaft der Bibel halten: Jeder Mensch ist ein Ebenbild Gottes, ob er nun gläubig ist oder nicht. Allein aus diesem Grund verfügt er über eine Reihe von Tugenden, Qualitäten, über Größe. Und falls es auch Niedrigkeiten an ihm gibt, wie es auch bei mir vorkommt, so können wir uns darüber austauschen, um uns gegenseitig bei deren Überwindung zu helfen.

Skorka: Ich stimme dem, was Sie sagen, voll und ganz zu: Den Nächsten zu respektieren, das ist der erste Schritt. Aber ich würde einen weiteren Gesichtspunkt hinzufügen wollen. Wenn jemand von sich sagt: »Ich bin Atheist«, dann ist das meiner Meinung nach eine arrogante Haltung. Die viel wertvollere Position ist die des Zweifels. Ein Agnostiker denkt, dass er die Antwort noch nicht gefunden hat, während ein Atheist überzeugt ist, zu 100 Prozent überzeugt ist, dass es Gott nicht gibt. Damit legt er die gleiche Arroganz an den Tag wie jemand, der steif und fest behauptet, dass Gott existiert, so wie dieser Stuhl existiert, auf dem ich gerade sitze. Religiöse Menschen wie wir sind Gläubige, und Gläubige halten Gottes Existenz nicht für selbstverständlich. Bei einer tiefen, wirklich sehr, sehr tiefen Begegnung können wir ihn spüren, aber Ihn selbst sehen wir nie. Wir erhalten subtile Antworten. Der Einzige, der laut der Tora explizit mit Gott gesprochen hat, von Angesicht zu Angesicht, war Mose. Allen anderen – Jakob, Isaak – erschien er in Träumen oder auf eine andere indirekte Art und Weise. Wer behauptet, dass Gott existiert, als wäre dies eine Gewissheit unter vielen, erweist sich als arrogant, egal wie überzeugt er ist. Ich kann das nicht einfach behaupten, sondern muss ebenjene Demut an den Tag legen, die ich von einem Atheisten einfordere. Am präzisesten hat es Maimonides in seinen dreizehn Glaubensprinzipien formuliert, wo es heißt: »Ich glaube in ganzem Glauben, dass der Schöpfer jegliche Kreatur schafft und lenkt.« Folgt man dieser Argumentationslinie, dann kann man zwar sagen, was Gott nicht ist, nicht aber, was Gott ist. Man kann seine Eigenschaften aufzählen, seine Attribute, aber unter keinen Umständen darf man ihm eine Gestalt geben. Einem Atheisten würde ich ins Gedächtnis rufen, dass in der Vollkommenheit der Natur eine Botschaft verborgen ist: dass wir ihre Formeln kennen können, nicht aber ihr Wesen.

Bergoglio: Die spirituelle Erfahrung der Begegnung mit Gott ist nicht kontrollierbar. Man spürt, dass Er da ist, man ist sich sicher, aber man kann es nicht kontrollieren. Der Mensch wurde geschaffen, um die Natur zu beherrschen, das ist sein göttlicher Auftrag. Doch mit seinem Schöpfer kann er das nicht machen. Deshalb gibt es in der Gotteserfahrung immer ein Fragezeichen, einen Freiraum, wo man den Glauben wagt. Sie haben etwas gesagt, was teilweise zutreffend ist: Wir können sagen, was Gott nicht ist, wir können von seinen Attributen sprechen, was er jedoch ist, können wir nicht sagen. Diese apophatische Dimension, die verrät, wie ich von Gott spreche, ist in unserer Theologie von grundlegender Bedeutung. Die englischen Mystiker sprechen viel von diesem Thema. Es gibt ein Buch von einem von ihnen aus dem 14. Jahrhundert: *The Cloud of Unknowing*, ein anonymes Werk, in dem ein ums andere Mal versucht wird, Gott zu beschreiben, und immer endet es schließlich mit dem Hinweis darauf, was er nicht ist. Es ist der Auftrag der Theologie, über religiöse Tatbestände zu reflektieren und sie zu erklären, darunter Gott. Die Theologien, die sicher und exakt nicht nur Gottes Attribute definieren wollten, sondern sogar den Anspruch hatten, ganz genau zu sagen, wie er war, könnte ich ebenfalls als arrogant bezeichnen. Das Buch Ijob ist eine fortwährende Diskussion über die Definition Gottes. Vier Weise arbeiten diese theologische Suche aus, und alles endet mit einem Ausspruch von Ijob: »Vom Hörensagen nur hatte ich von dir vernommen, jetzt aber hat mein Auge dich geschaut.« Am Ende hat Ijob ein anderes Bild von Gott als zu Beginn. Diese Erzählung will besagen, dass die Auffassung dieser vier Theologen nicht wahr ist, weil man Gott kontinuierlich immer sucht und findet. Und es entsteht dieses Paradox: Man sucht ihn, um ihn zu finden, und weil man ihn findet, sucht man ihn. Das ist ein sehr augustinisches Spiel.

Skorka: Ich glaube mit festem Glauben, dass Gott existiert. Im Gegensatz zu einem Atheisten – der behauptet, dass Gott nicht existiert und jeglichen Zweifel ausschließt – benutze ich bewusst das Wort Glauben, das noch einen Rest von Zweifel durchschimmern lässt. Ein wenig – aber nur ein wenig – folge ich damit der Argumentation von Sigmund Freud, der schrieb, der Mensch brauche die Idee eines Gottes, um seiner existenziellen Angst Herr zu werden. Aber nach gründlicher Auseinandersetzung mit der Haltung derer, die die Existenz Gottes leugnen, kehre ich zum Glauben zurück. Wenn ich den Kreis schließe, spüre ich wieder Gottes Gegenwart. Und trotzdem bleibt dieser Rest von Zweifel, weil es sich um eine existenzielle Frage handelt und nicht um eine mathematische Theorie, wobei auch bei einer mathematischen Theorie durchaus Zweifel bestehen können. Wir sollten Gott nicht durch die Brille der natürlichen Logik betrachten, sondern ihn in ganz eigenen Begriffen denken. Schon Maimonides hat sich mit dieser Frage auseinandergesetzt. Ein Agnostiker könnte dessen berühmtes Paradox anführen: Wenn Gott allmächtig ist, kann er einen Stein erschaffen, den er nicht anheben kann; aber wenn er tatsächlich einen Stein erschafft, den er nicht anheben kann, ist er nicht allmächtig. Gott steht über der Logik und ihren Paradoxien. Oder wie Maimonides sagt: Gott kennt die Dinge in ihrer Gesamtheit. Das Wissen des Menschen hingegen ist begrenzt. Wüssten wir so viel wie Gott, wären wir selbst Götter.

4. ÜBER DIE RELIGIONEN

Skorka: Jeder Mensch hat seine eigene Beziehung zu Gott. Sind wir nicht alle verschieden in unserer Art, in unseren Vorlieben und unseren Erfahrungen? Also sind es auch unsere Beziehung zu Gott und unser Zwiegespräch mit ihm. Und mit ihnen die religiösen Traditionen. »Warum gibt es überhaupt verschiedene Religionen?«, fragen sich die Menschen. Meine Antwort lautet: Weil die individuellen Erfahrungen verschieden sind. Wenn diese Erfahrungen sich um einen gemeinsamen Nenner gruppieren, entsteht eine Religion. Dem Judentum, einer jahrtausendealten Religion, wird man nur gerecht, wenn man es geschichtlich einordnet. Im antiken Rom wurde zwischen Religion, Nation und Volk unterschieden. Im Judentum hingegen, dessen Ursprung rund tausend Jahre weiter zurückreicht, sind diese drei Ideen untrennbar miteinander verknüpft. Teil des jüdischen Volkes zu sein bedeutet, seine Religion anzunehmen. Oder wie Rut zu Noomi sagt: »Dein Volk ist mein Volk, und dein Gott ist mein Gott.«[20] Andererseits gibt es im Judentum die Idee des auserwählten Volkes, das bei so vielen Menschen Verwirrung stiftet. Tatsächlich schließen

Abraham und Gott einen Bund, in dem Abraham sich und seine Nachkommenschaft verpflichtet, einer Ethik gemäß zu leben, die Gott ihm noch offenbaren wird, und Zeugnis zu geben von Seiner Gegenwart unter den Menschen. Oder wie Amos es ausdrückt: »Nur euch habe ich erwählt aus allen Stämmen der Erde; darum ziehe ich euch zur Rechenschaft für alle eure Vergehen.«[21] Im 9. Kapitel, Vers 7, sagt derselbe Prophet im Namen Gottes: »Seid ihr für mich mehr als die Kuschiter, ihr Israeliten? – Spruch des Herrn. Wohl habe ich Israel aus Ägypten heraufgeführt, aber ebenso die Philister aus Kaftor und die Aramäer aus Kir.« Wir sind Gottes auserwähltes Volk, aber aus einem bestimmten Grund. Es ist ein Bund, den jede Generation mit Ihm erneuern muss. Leider werfen uns diejenigen, die uns hassen, vor, wir hielten uns für eine »überlegene Rasse«, um einen Ausdruck zu benutzen, mit dem die Nazis ihr eigenes Volk bezeichneten, während sie die Juden als »minderwertige Rasse« beschimpften. Letztlich hat das Christentum diese Idee des »Volkes Israel« nur ausgedehnt: auf alle, die seinen Glauben annehmen.

Bergoglio: Gott macht sich im Herzen jedes Menschen spürbar. Er achtet auch die Kultur der Völker. Jedes Volk erfasst nach und nach diese Vision Gottes, übersetzt sie gemäß seiner Kultur und bereitet sie auf, reinigt sie und gibt ihr ein System. Einige Kulturen sind urwüchsiger in ihren Verdeutlichungen. Doch Gott öffnet sich allen Völkern, er ruft sie alle, fordert sie alle heraus, damit sie ihn suchen und durch die Schöpfung entdecken. In unserem Fall, im Judentum und im Christentum, gibt es eine persönliche Offenbarung. Er selbst tritt uns entgegen, offenbart sich uns, zeigt uns den Weg und begleitet uns, er nennt uns seinen Namen, führt uns mithilfe der Propheten. Wir Christen glauben, dass er sich uns schließlich in Jesus Christus kundtut und sich für uns opfert. Andererseits gab es im Lauf der Geschichte Umstände, die Schismen geschaffen und verschiedenartige Gemeinschaften hervorgebracht haben, unterschiedliche Ausdrucksformen, das Christentum zu leben, wie die Reformation. Wir erlebten einen Dreißigjährigen Krieg, und es formten sich verschiedene Konfessionen heraus. Das ist sehr hart und beschämend, aber so ist die Realität. Gott ist geduldig, er wartet. Gott tötet nicht, der Mensch maßt sich an, dies als sein Stellvertreter zu tun. Im Namen Gottes zu töten ist Blasphemie.

Skorka: Wie kann es sein, dass Menschen schlecht über andere Menschen reden, nur weil sie eine andere Religion praktizieren, wenn diese Religion doch redlich ist und die Menschen Gott näherbringt? Diejenigen, die sich als Hüter der absoluten Wahrheit aufspielen und die Taten anderer so scharf verurteilen, praktizieren häufig selbst einen schändlich heidnischen Glauben. Heidentum ist ein zentrales Thema in den biblischen Schriften. Wenn im Alten Israel am Versöhnungstag[22] Opfer dargebracht wurden, musste man dafür zwei Ziegenböcke auswählen. Die Tradition schrieb vor,[23] dass diese Ziegenböcke sich so ähnlich wie möglich sehen sollten. Einer musste Gott geopfert werden; der andere an einem Ort in der Wüste, um dem Volk alle seine Sünden zu nehmen. »Braucht Gott wirklich Opfer«, fragten sich viele. Laut Maimonides[24] wollte der Mensch seinem Dank Ausdruck verleihen, und deshalb verschaffte ihm Gott diese Möglichkeit, sich ihm zu nähern. Allerdings mit einigen Einschränkungen: Menschenopfer zum Beispiel waren verboten. Gott regulierte also eine Praxis, die dem Menschen ein Bedürfnis war. Aber zurück zum Thema. Als ich am Versöhnungstag diesen Aspekt des Rituals analysierte, fragte ich mich, warum es zwei möglichst ähnliche Ziegenböcke sein mussten. Und welche Antwort fand ich? Dass manchmal die gleiche Verpackung für verschiedene Inhalte benutzt wird. Man kann Kleidung tragen, die Reinheit oder spirituelle Erleuchtung symbolisiert, wenn man im Namen Gottes spricht. Man kann unter dieser Kleidung aber auch die schlimmsten Machenschaften verstecken. Zwischen Heidentum und Reinheit ist es oft nur ein kleiner Schritt. Im 20. Jahrhundert wurden religiöse Rituale missbraucht, um den Furor der Massen zu entflammen. Damals rückte Gott in weite Ferne.

Bergoglio: Im Namen Gottes zu töten heißt, die religiöse Erfahrung zu ideologisieren. Das bringt politische Ränkeschmiederei mit sich, und es kommt zur Vergötterung der Macht im Namen Gottes. Menschen, die dies tun, erheben sich selbst zu Gott. Mitten im 20. Jahrhundert vernichteten solche Menschen ganze Völker, weil sie sich für Gott hielten. Die Türken taten das mit den Armeniern, der stalinistische Kommunismus mit den Ukrainern, der Nationalsozialismus mit den Juden. Sie benutzten einen Diskurs mit göttlichen Attributen, um Menschen zu töten. Eine wirklich raffinierte Art, aus überhöhter Selbsteinschätzung zu töten. Das zweite Gebot gibt auf, seinen Nächsten zu lieben wie sich selbst. Kein Gläubiger kann den Glauben auf seine Person, seinen Clan, seine Familie, seine Stadt einschränken. Ein Gläubiger ist wesentlich ein Mensch, der auf einen anderen Gläubigen – oder auf einen, der nicht glaubt – zugeht und ihm die Hand entgegenstreckt. Die Bibel findet diesbezüglich klare Worte: Der Prophet Amos ist scharf wie eine Peitsche beim Infragestellen derer, die Ungerechtigkeiten gegen ihre Brüder begehen, die nicht zu Hilfe kommen, die Gottes Gegenwart nicht zu den Armen und Schutzlosen tragen. Im Gesetz ist auch die »Nachlese« vorgesehen. Was ist das? Die bei der Ernte auf dem Feld liegen gebliebenen Ähren sollen nicht eingeholt werden, denn sie sollen den Fremden, Witwen und Waisen gehören.[25] Im Buch Rut wird von einer solchen Ährenlese erzählt.[26]

Skorka: Die Bibel lehrt uns, dass wir alle von ein und demselben Menschen abstammen. Mit anderen Worten: dass zwischen allen Menschen ein brüderliches Band besteht. Man darf dem Menschen gegenüber nie gleichgültig werden. Vielleicht ist die Bibel nur ein einziger Aufruf: Sei nicht gleichgültig gegenüber dem Spirituellen, Gott und deinem Nächsten. Was wäre sonst die gesellschaftliche Funktion von Religion?

Bergoglio: Ich komme wieder auf die ersten beiden Gebote zurück; das erste: Du sollst deinen Gott lieben mit ganzem Herzen und mit ganzer Seele; das zweite: Du sollst deinen Nächsten lieben wie dich selbst. Jesus sagt, an diesen beiden Geboten hänge das ganze Gesetz.[27] Von daher ist die liberale Auffassung, die Religion solle im Tempel stattfinden und sei außerhalb davon auszuschalten, nicht schlüssig. Es gibt Handlungen, die gewöhnlich im Gotteshaus stattfinden, wie die Verehrung Gottes, der Lobpreis, der Kult. Doch andere finden außerhalb statt, wie die gesamte soziale Dimension der Religion. Es beginnt in einer gemeinschaftlichen Begegnung mit Gott, der nah ist und mit seinem Volk geht, und entwickelt sich das ganze Leben hindurch weiter mit ethischen, religiösen, brüderlichen Richtlinien. Dabei gibt es ein regulierendes Prinzip im Verhalten den anderen gegenüber: die Gerechtigkeit. Wer Gott verehrt, hat meiner Ansicht nach durch diese Erfahrung einen Auftrag der Gerechtigkeit seinen Brüdern gegenüber; einer höchst schöpferischen Gerechtigkeit, denn sie wirkt sich auf Vieles aus: Bildung, soziale Förderung, Fürsorge, Entlastung usw. Daher wird ein tiefreligiöser Mensch auch ein gerechter Mensch genannt, er bringt die Gerechtigkeit zu den anderen. In dieser Hinsicht erschafft die Gerechtigkeit des oder der Gläubigen Kultur. Die Kultur eines Götzenanbeters ist nicht wie jene, die eine Frau oder ein Mann erschaffen, die den lebendigen Gott verehren. Johannes Paul II. prägte einen sehr gewagten Satz: Ein Glaube, der nicht Kultur wird, ist kein wahrer Glaube.[28] Er betonte dieses Kultur-Schaffen. Heute haben wir zum Beispiel in unserer Gesellschaft götzendienerische Kulturen: Konsumismus, Relativismus und Hedonismus sind ein Beweis dafür.

Skorka: Der Gottesdienst hat nur Sinn, wenn wir ihn gemeinsam mit anderen feiern; wenn nicht, ist es kein Gottesdienst. Wozu und für wen halten wir ihn ab? Das ist eine wesentliche Frage. Deswegen sage ich immer: Ein Priester oder ein Rabbiner muss auch bereit sein, sich die Schuhe schmutzig zu machen. Ein Gotteshaus ist nur ein Teil der Religion. Ein Gotteshaus, das nicht vom Leben genährt wird und nicht das Leben nährt, hat etwas Heidnisches.

Bergoglio: Ganz zweifellos, sie müssen sich schmutzig machen. Heute tragen die Geistlichen keine Soutane mehr. Ein frisch ordinierter Priester tat es doch, und andere Geistliche kritisierten ihn dafür. Daraufhin fragte er einen weisen Priester: »Ist es schlecht, dass ich die Soutane trage?« Der Weise gab ihm zur Antwort: »Das Problem ist nicht, ob du sie trägst, sondern ob du die Ärmel hochkrempelst, wenn du sie hochkrempeln musst, um für die anderen zu arbeiten.«

Skorka: Religionen sind dynamisch. Wenn sie nicht verknöchern wollen, müssen sie in ständigem Kontakt mit der Außenwelt stehen. Was sich bei einer Religion allerdings nie ändert, das sind die Werte. Jede Kultur entsteht letztlich aus der Antwort auf drei Fragen: Welche Vorstellung hat sie von Gott, welche vom Menschen, welche von der Natur? Im Judentum ist Gott ein ewiges Wesen, der Mensch sein höchstes Geschöpf und die Natur etwas, das er aus dem Nichts geschaffen hat. Dies unterscheidet das jüdische Denken vom griechisch-römischen Denken. In der griechisch-römischen Vorstellung gibt es stets eine Theogonie, eine religiöse Mythologie, bei der die Götter sich streiten, in den Olymp einziehen und sich von dort aus ab und zu in die menschlichen Belange einmischen. Das Judentum hingegen – und das ist neu – bringt den Glauben an einen einzigen Gott hervor, an ein rein geistiges Wesen. Später kommt die Offenbarung hinzu: Gott, der sich dem Menschen und im Besonderen dem Volk Israel zeigt, und noch viel später die Tora, eine sehr allgemein gehaltene Sammlung von Rechtsprinzipien. Die Tora ist kein kategorischer Text. Wer den Talmud studiert, analysiert, wie dieser oder jener Rabbiner die verschiedenen Gebote der Tora auslegt. Daher gehören Wandel und ständige Neubewertung wesentlich zum Judentum. Aber, und darauf möchte ich noch einmal hinweisen: Was sich niemals ändert, ist der Kern, die grundlegenden Werte. Wem es nur darum geht, dass im Gottesdienst ein bestimmtes Wort fällt oder dass die Zeremonie auf eine bestimmte Art und Weise abgehalten wird, wer sich also lediglich an eine Tradition hält, die zwar sehr wichtig ist, aber letztlich oberflächlich bleibt, wenn sie nicht einhergeht mit einem Leben in Gerechtigkeit, Aufrichtigkeit und Liebe, der entscheidet sich für die Verpackung, für ein hübsches Paket ohne wirklichen Inhalt. »Ich tue genau das, was mein Vater getan hat, also habe ich auch die gleichen Werte wie er. Aber mein Vater war mein Vater, und ich bin ich. Seine Lebenserfahrung nützt mir nur zum Teil«, hat ein chassidischer Rabbi einmal gesagt.

Bergoglio: Für mich liegt der Kern dessen, was erhalten bleibt, ebenfalls im Zeugnis der Väter; in unserem Fall in dem der Apostel. Im 3. und 4. Jahrhundert wurden die unverhandelbaren offenbarten und übermittelten Glaubenswahrheiten, das Vermächtnis, theologisch formuliert. Das bedeutet nicht, dass im Lauf der Geschichte durch Studien und Forschung nicht weitere Erkenntnisse über diese Wahrheiten gewonnen werden. Wie Jesus ist, wie sich die Kirche gestaltet, wie das wahre christliche Verhalten ist, wie die Gebote sind: Das alles wird sich mit den Erläuterungen anreichern. Über manche Dinge kann man seine Meinung haben, aber – ich sage es noch einmal – das Erbe wird nicht verhandelt. Der Inhalt eines religiösen Glaubens ist empfänglich dafür, vom menschlichen Denken vertieft zu werden, doch wenn diese Vertiefung mit dem Erbe kollidiert, ist es Häresie. Jedenfalls verfeinern die Religionen mit der Zeit manche Ausdrucksformen, auch wenn dies aufgrund unserer heiligen Verbindung zum empfangenen Erbe ein langsamer Prozess ist. Diese Ehrfurcht ist so groß, dass wir uns vorsehen sollten, nicht durch übereiltes Vorgehen ins Fettnäpfchen zu treten. Ein mittelalterlicher Theologe drückte den Fortschritt im Verständnis des Erbes, der empfangenen Offenbarung, wie folgt aus: »Die legitime Regel allen Fortschritts und die korrekte Norm allen Wachstums bestehen darin, dass das Erbe sich durch die Zeitalter festigt, sich im Lauf der Jahre entwickelt und mit Verstreichen der Zeit wächst.« Mit dem empfangenen Erbe auf die neuen Fragen von heute zu antworten, erfordert Zeit, und dies erst recht, wenn Gewissensfragen berührt werden. Als ich ein Kind war, betrat man normalerweise nicht das Haus einer Familie von Geschiedenen, schon gar nicht, wenn sie wieder geheiratet hatten. Heute ruft der Papst selbst diejenigen, die eine neue Bindung eingegangen sind, dazu auf, am kirchlichen Leben teilzunehmen. Er bittet sie zu beten, in den Pfarrgemeinden und bei karitativen Werken mitzuarbeiten. Ihre Taufe wird nicht, weil sie am Rande eines Gebots stehen, aufgehoben. Ich gebe zu, dass der Rhythmus vielleicht nicht dem Tempo der gesellschaftlichen Veränderungen entspricht, doch die geistlichen Führer, die auf die Stimme Gottes hören sollen, müssen sich die erforderliche Zeit nehmen, um die Antworten allmählich zu finden. Es besteht auch die Gefahr, dass sich andere ökonomische, kulturelle, geopolitische Interessen daruntermengen. Man muss zu unterscheiden wissen.

5. Über geistliche Führung

Skorka: Für jemanden, der sich entschieden hat, Geistlicher zu werden, lautet das Schlüsselwort – darin sind wir uns gewiss einig – Berufung. Wo keine Berufung ist, ist nichts. Das andere Wort, auf das Sie immer wieder hinzuweisen pflegen, ist Tradition. Die Berufung, Gott dienen zu wollen, entspringt einem tiefen Prozess der Introspektion: der Suche nach sich selbst, nach der Beziehung mit dem Nächsten, nach den Signalen, die die Natur einem sendet. Bei dieser existenziellen Auseinandersetzung, die normalerweise in der Jugend stattfindet, wenn man nach einem Weg im Leben sucht, stößt man auf die spirituelle Dimension Gottes. Und bei manchen führt diese Begegnung dazu, dass sie Gott gegenüber eine besondere Verpflichtung eingehen wollen. Übt man die Funktion des geistlichen Führers erst einmal aus, besteht die Herausforderung darin, Gott zu dienen, indem man dem Nächsten dient. In der Genesis steht geschrieben, dass Gott den Menschen nach seinem Ebenbild geschaffen hat.[29] Jemandes Ebenbild zu sein bedeutet, dass man mit ihm verbunden ist. Ich muss Gott sehen, wenn ich meinen Nächsten sehe. Das ist keine theoretische als vielmehr eine praktische Hilfe. Andererseits haben mich die vielen Jahre als Dozent eines gelehrt: Bei der Ausbildung derjenigen, die sich für den Weg der Spiritualität entschieden haben, muss man große Sorgfalt walten lassen. Denn leider hat uns die Geschichte gezeigt, dass manch einer seine Spiritualität über Bord wirft und sich zu einem Führer aufschwingt, der seine Gläubigenschar ins Verderben stürzt. Die Verbrechen in Waco und Guayana sind dafür ein trauriges Beispiel. Wenn jemand sich selbst zum Erlöser anderer erhöht, ist allergrößte Vorsicht geboten.

Bergoglio: Ich bin ganz einverstanden mit dem Begriff Berufung, das ist in unserer Tradition grundlegend. Wenn Gott hereinbricht, so mit einem Ruf wie bei Abraham: »Zieh weg aus deinem Land, aus deinem Vaterhaus in das Land, das ich dir zeigen werde.«[30] Gott setzt ihn auf den Weg. Gott ruft, das sehen wir bei der Berufung der großen geistlichen Führer. In unserer Tradition beginnt eine Sendung immer mit einem Ruf. Ein Fall hat mich immer besonders interessiert, und zwar der des Besessenen von Gerasa.[31] Jesus befreit ihn von dem Dämon, und anschließend will der Mann ihm folgen. Jesus sagt jedoch, er solle in seiner Gegend bleiben und den Seinen erzählen, was ihm widerfahren ist. Jesus regt ihn auf gewisse Weise an: Verkünde deinem Volk die Wunder Gottes. Deshalb ist der Begriff Berufung grundlegend. Es kann auch eine Verweigerung diesem Ruf oder der Berufung gegenüber geben, im Evangelium ist der typischste Fall dafür der reiche Jüngling.[32] Jesus sah ihn wohlwollend an, er liebte ihn und sagte, falls er ihm aus größerer Nähe folgen wolle, solle er alles verkaufen, was er habe, das Geld den Armen geben und ihm folgen. Der junge Mann blieb höchst betrübt zurück, er folgte dem Ruf nicht, weil er sehr reich war. Jesus lädt ihn ein, er ruft ihn. Doch er traut sich nicht, diesen Schritt zu machen – das ist ein gescheiterter Ruf. Im Evangelium sagt Jesus: »Nicht ihr habt mich erwählt, sondern ich habe euch erwählt.«[33] Auch Ihr anderer Einwand ist wichtig: Man muss über eine grundlegende anfängliche Kraft der Unterscheidung verfügen; das, was wir in der christlichen Spiritualität die rechte Intention nennen. Mit welcher Intention kommt man also? Nicht, dass jemand bewusst in schlechter Absicht käme, als Freibeuter, doch es gibt unbewusste Motivationen, die zu Fanatismus oder anderen Verformungen führen können. Im Verlauf der ganzen Ausbildung muss man immer wieder diese rechte Intention verfeinern, denn niemand antwortet, wenn er den Ruf spürt, mit vollkommener Aufrichtigkeit, es ist alles sehr vermischt, weil wir Sünder sind.

Skorka: Im Buch Deuteronomium gibt es eine sehr interessante Stelle,[34] die darlegt, wie man zwischen einem falschen und einem wahren Propheten unterscheiden kann. Im Talmud heißt es, dass auch ein falscher Prophet übernatürliche Zeichen geben kann, um zu beweisen, was er behauptet. Diese Stelle des Deuteronomiums ist sehr wichtig, denn sie besagt, dass ein Prophet dann falsch ist, wenn er einen vom gottgewollten Weg abbringen will, vom Weg der Gerechtigkeit, der das Leben ehrt. Und dann werden zahlreiche Beispiele dafür angeführt. Was also soll ein Gläubiger tun, wenn er mit einem solchen geistlichen Führer konfrontiert ist? Mit jemandem, der – manchmal bewusst, manchmal unbewusst – seine Gemeinde ins Verderben stürzt, indem er seine psychische Macht und seine Wortgewalt missbraucht? In der Bibel finden sich dazu mehrere Geschichten, deren Botschaft immer gleich lautet: Halte dich von allem fern, was dein Herz erobern und deinen Geist und deinen Willen beherrschen will. Aber zurück zu der Stelle im Deuteronomium: Jeder muss die Botschaft des Propheten in ihrer Essenz für sich analysieren. Wenn sie nicht mit Gerechtigkeit, Barmherzigkeit und Güte in Einklang zu bringen ist, ist sie falsch und verabscheuungswürdig. Es gibt sehr wohl ein Anzeichen, an dem ein Gläubiger erkennen kann, dass jemand ihn verführen und seiner inneren Freiheit berauben will: Wenn dieser Jemand nämlich mit absoluter Gewissheit behauptet: »Gott hat es mir gesagt, und damit ist es so.« Gleiches gilt für alle Lehrer, die so auftreten, als wäre das, was sie sagen, die absolute Wahrheit. Sobald jemand in dieser Weise auftritt, heißt es, misstrauisch zu sein. Dem Zweifel muss immer Raum gewährt werden. Im Buch Jeremia lässt Gott den Propheten wissen, das Volk solle weiterhin das Joch von König Nebukadnezzar tragen.[35] Er befiehlt ihm, sich Jochhölzer auf den Nacken zu legen, um dem Volk zu zeigen, dass es sich nicht erheben soll. Doch plötzlich tritt ein anderer Prophet in Erscheinung: Hananja, der ihm das Joch abnimmt und es zerbricht.[36] Statt ihm zu sagen, Gott habe etwas anderes gefordert, lässt Jeremia es mit sich geschehen und zieht sich zurück, um erneut mit Gott zu sprechen. Gott bestätigt ihm, was er zuvor gesagt hat, dass nämlich das Volk das Joch des babylonischen Reiches weiterhin tragen müsse. Zwei Dinge werden hier gezeigt. Erstens: Gott ist wandelbar, er kann seine Meinung ändern. Die Bibel sagt: Kehrt um zu

Gott, sodass Gott sein Urteil ändert. Nichts anderes will uns das Buch Jona sagen: Wir dürfen über Gott und seine Botschaften nicht in absoluten Begriffen sprechen. Der Zweifel an einer Deutung muss immer mitschwingen, er ist Teil des Glaubensakts. Und zweitens: Die Geschichte weist auf ein großes Wort hin, eine Tugend, die jeder geistliche Führer beherzigen muss, die einzige Tugend, die die Tora Mose ausdrücklich zuspricht: Demut. Ein geistlicher Führer, der Hochmut statt Demut an den Tag legt, der mit Absolutheitsanspruch auftritt, ist kein guter Führer. Ein geistlicher Führer, der arrogant auftritt, der andere nicht als Seinesgleichen anerkennt und die ganze Zeit nur »Ich« sagt, ist kein geistlicher Führer.

Bergoglio: Aber solche gibt es nun mal. »Und das erzählen Sie mir, werte Dame«, sagte zu meiner Zeit Niní Marshall[37] in der Rolle der Catita. Mir gefällt, was Sie über den Zweifel gesagt haben, denn das zielt genau auf die Erfahrung, die man auf Dauer macht, wenn man in Gottes Gegenwart gerecht sein möchte. Die großen Oberhäupter von Gottes Volk waren Menschen, die Raum für den Zweifel ließen. Um auf Mose zurückzukommen, es gab keinen demütigeren Menschen auf Erden als ihn. Vor Gott bleibt nichts anderes als die Demut, und wer ein Führer im Volk Gottes sein möchte, muss Gott Raum gewähren; sich demzufolge klein machen, sich in sich selbst an den Zweifel schmiegen, an die inneren Erfahrungen der Dunkelheit, des nicht Weiterwissens. All dies wird ihn schließlich reinigen. Der schlechte Führer ist der Selbstsichere, der Halsstarrige. Eine seiner Eigenschaften ist es, aufgrund seiner Selbstsicherheit übermäßig präskriptiv zu sein.

Skorka: Der Glaube braucht den Zweifel. Er muss sich sogar durch ein Gefühl von Zweifel Ausdruck verleihen. Ich spüre Gott, ich fühle ihn, ich spreche oft mit ihm, aber trotzdem liegt es im Wesen des Glaubens, dass ich ihn immer wieder neu suchen muss. Ich kann mir, was ihn betrifft, zu 99,99 Prozent sicher sein, aber nie zu 100 Prozent, denn das Leben ist eine Suche nach ihm. Für Juden ist der Zweifel ein wesentlicher Bestandteil des Glaubens. Nach der Shoah haben wir uns gefragt, warum Gott uns verlassen hat, warum er nicht eingegriffen hat, wo er doch die Gerechtigkeit selbst ist, wo er doch immer aufseiten des Gerechten steht, des Leidenden. Es sind dieselben Fragen, die auch Ijob sich gestellt hat, als er von Gott wissen wollte, warum seine Söhne sterben mussten, warum er seine Gesundheit einbüßte, warum er alles verlor, obwohl er doch ein gerechter und guter Mensch gewesen war. In gewisser Weise lautete Gottes Antwort: Ich habe meine Gründe, aber der Mensch kann sie nicht begreifen und bleibt mit seinen Zweifeln zurück.

Bergoglio: Mich hat immer der Satz von Ijob eingenommen, den ich bereits nannte: »Vom Hörensagen nur hatte ich von dir vernommen, jetzt aber hat mein Auge dich geschaut.«[38] Nach einer Prüfung sieht man die Dinge mit anderen Augen, macht Fortschritte im Verständnis. Aber um auf das Thema der religiösen Ämter zurückzukommen, die Demut garantiert dafür, dass der Herr anwesend ist. Wenn jemand selbstzufrieden ist, wenn er sämtliche Antworten auf sämtliche Fragen hat, ist das ein Beweis dafür, dass Gott nicht mit ihm ist. Die Überheblichkeit ist ein auffälliges Kennzeichen in allen falschen Propheten, in den fehlgeleiteten geistlichen Führern, die das Religiöse für ihr eigenes Ego benutzen. Es ist die Haltung der religiösen Heuchler, denn sie sprechen von Gott, der über allen Dingen ist, setzen ihre Gebote aber nicht in die Praxis um. Jesus sagte dem gläubigen Volk über sie: »Tut und befolgt also alles, was sie euch sagen, aber richtet euch nicht nach dem, was sie tun.«[39]

Skorka: Wer andere unterrichtet, muss selbst ein Vorbild sein. Wer geistliche Führer ausbildet, muss ihnen Demut vermitteln, muss ihnen unmissverständlich deutlich machen, dass das, was sie gewählt haben, etwas Heiliges ist. In meiner Gemeinde gibt es einen Jugendverein. Den Jungs, die zu Gruppenleitern ausgebildet werden, sage ich immer, dass sie einen ganz besonderen Auftrag haben. Sie müssen zwar auch wissen, wie man Spiele organisiert, damit die Kinder Spaß haben; sie müssen ihnen soziale Werte vermitteln, damit sie lernen, was Zusammenleben bedeutet. Aber: Wenn es dabei bliebe, gäbe es keinen Unterschied zwischen ihnen und den Leitern irgendeiner anderen Institution. Deshalb sage ich ihnen auch, dass sie einen religiösen Weg weisen müssen. Sie haben eine heilige Mission, deren spirituelle Dimension ihren Ausdruck in Gebeten und Ritualen finden muss, die Kinder auch verstehen können. Zweifellos sind diese Gruppenleiter dem Rabbiner eine große Hilfe. Andererseits müssen sie sich wie alle geistlichen Führer darüber im Klaren sein, dass sie ihre eigenen Probleme nicht auf das Amt übertragen dürfen und dass sie sich auf ihr Amt nichts einbilden sollen. Wenn ich mit Menschen spreche, die Hilfe brauchen, weil sie krank sind oder von Ängsten geplagt werden, sage ich immer:

»Mal sehen, was mein *Chef* dazu sagt.« Ich tue nie so, als wäre ich etwas Besonderes, nur weil ich das Amt des Rabbiners ausübe. Einmal, als ich gerade eine Trauung abgehalten hatte, erblickte ich ein Paar, das ich acht Jahre zuvor verheiratet hatte. Ich ging zu den beiden hin und fragte sie spontan, ob sie Kinder hätten. Leider nein, antworteten sie, bisher hätten sie nur Fehlgeburten erlitten. Da ergriff ich ihre Hände und sagte: »Verliert nicht die Hoffnung und probiert es weiter.« Nach einiger Zeit gebar die Frau tatsächlich eine Tochter und kam ins Gotteshaus, um ihr, wie die Tradition es vorschreibt, einen Namen zu geben. Als die Zeremonie beendet war, trat sie an mich heran und fragte, ob ich mich erinnerte, dass ich ihnen geraten hätte, nicht die Hoffnung zu verlieren und es weiter zu probieren. Ich erinnere mich, sagte ich, aber stellte sofort klar, dass ich ihnen nur moralischen Beistand geboten hätte, dass es nicht meine Worte gewesen seien, die ihre Schwangerschaft herbeigeführt hätten. Ich hätte lediglich Gott darum gebeten. Einige Anwesende rieten mir scherzhaft, ich solle den Vorfall unbedingt publik machen, dann könnte ich mich vor Gläubigen und Spenden überhaupt nicht mehr retten.

Bergoglio: Der heilkräftige Rabbiner …

Skorka: Nein, nein! Ich glaube zwar, dass ein Mensch die spirituelle Kraft haben kann, einen Kranken zu heilen, aber das Wunder kommt letztlich von Gott. Nie vom Menschen. Die chassidische Tradition[40] lehrt, dass es laut dem Talmud[41] 36 Gerechte gibt, um derentwillen Gott die Welt nicht untergehen lässt; dass aber jeder dieser Gerechten in dem Moment, in dem er sich selbst für einen Gerechten hält, aufhört, ein solcher zu sein.

Bergoglio: In mir erwacht ein natürliches Misstrauen, wenn Heilungsphänomene auftreten, selbst bei Offenbarungen und Visionen; diese Dinge bringen mich sehr in die Defensive. Gott ist nicht so eine Art Andreani[42], der die ganze Zeit Nachrichten verschickt. Etwas anderes ist es, wenn ein Gläubiger sagt, dass er etwas empfindet. Dennoch hat es im Lauf der Geschichte zugegebenermaßen Prophezeiungen gegeben, und es gibt sie weiter. Und man muss Raum lassen für jemanden, den Gott als Prophet erwählen mag, mit den Eigenschaften eines wahren Propheten. Aber das sind für gewöhnlich nicht diejenigen, die sagen, sie bringen ein Brieflein vom Himmel mit. Ich muss in Buenos Aires viele Fälle dementieren, denn das kommt häufiger vor, als man meint. Zu denken, das, was Sie oder ich beim Beten als spirituellen Trost empfinden, sei eine Prophezeiung oder eine Offenbarung für die ganze Welt, ist äußerst naiv. Manchmal spüren die Leute etwas, und aus einer Fehlinterpretation oder einem psychischen Ungleichgewicht heraus verwechseln einige das mit einer Prophezeiung. Vor Kurzem musste ich am Telefon mit einer Frau sprechen, die eine Botschaft für alle Argentinier hatte, und ich sollte die Verbreitung autorisieren, »um uns alle zu retten«. Sie schickte mir die Botschaft, und ich sah, dass darin einiges nicht zusammenpasste, Ungenauigkeiten, Fehler. Ich sagte ihr, ich könne ihr keine Autorisierung erteilen. Sie blieb hartnäckig, sie sei nicht meiner Meinung und werde die Botschaft dennoch privat übermitteln. Manche Menschen verspüren eine Art prophetischer Berufung. Eine andere, leichter zu deutende Frage ist die Heilung. Heute können mit parapsychologischen Studien und nach Meinung von Onkologen, die sagen, die Psyche habe einen Einfluss auf die Physis, einige Dinge erklärt werden. Es gibt auch die geistliche Fürsprache eines Rabbiners oder Priesters, der für die Gesundheit eines anderen betet oder bittet, und das Gebet wird erhört. Für mich bürgt für eine Person, die sich nach Gottes Gesetz mit der Heilung beschäftigt, dass sie einfach, bescheiden und frei von Brimborium ist. Andernfalls ist es vielleicht mehr ein Geschäft denn Heilung.

Skorka: Ich bin vollkommen Ihrer Meinung. Wer aus seinen *Kräften* eine Show macht, ist nicht religiös, sondern ein Hochstapler. Heutzutage suchen viele Menschen mit körperlichen oder seelischen Problemen nach Antworten im Übersinnlichen. Wenn jemand damit zu einem Rabbiner kommt – und bei einem Priester wird es ähnlich sein –, muss dieser vorsichtig damit umgehen, denn er kann nur eine Antwort des Glaubens geben. Und eine Antwort des Glaubens ist nicht die Antwort eines Arztes. Wir dürfen niemals so tun, als wären wir Ärzte. Wenn jemand mit einem gesundheitlichen Problem zu mir kommt, helfe ich ihm, rede ihm gut zu, tröste ihn, aber gleichzeitig rate ich ihm, sich in die Behandlung eines Arztes zu begeben und dessen Anweisungen streng zu befolgen.

Bergoglio: Dafür gibt Gott uns die Mittel.

Skorka: Das erinnert mich an einen alten Witz. Ein Mann rettet sich bei einer Überschwemmung aufs Dach und ruft nach Hilfe. Sofort kommt ein Kanu angefahren, um ihn zu retten, aber er weigert sich einzusteigen. »Ich bleibe hier, denn Gott wird mir helfen«, sagt er. Kurz darauf kommt ein Feuerwehrboot vorbei, und wieder steigt er nicht ein. »Auf gar keinen Fall. Ich bleibe hier, denn Gott wird mir helfen.« Später kommt ein Polizeihubschrauber, aber er steigt wieder nicht ein, sondern sagt nur: »Gott wird mir helfen.« Schließlich stirbt der Mann, und als er in den Himmel kommt, macht er Gott Vorwürfe: »Warum hast du mir nicht geholfen? Warum hast du mich sterben lassen?« Da wird Gott wütend: »Wie kannst du behaupten, ich hätte dir nicht geholfen? Ich habe dir ein Kanu geschickt, ein Boot, sogar einen Hubschrauber, aber du wolltest ja nicht.«

Bergoglio: Sehr gut! Ich würde gern wieder die Frage der Führerschaft aufgreifen. Meiner Ansicht nach kann die Führung einer Glaubensgemeinschaft nicht der einer Nichtregierungsorganisation ähneln. Mir hat eine Wendung gefallen, die Sie vor einer Weile benutzt haben: heilige Mission. Das ist Gottes Auftrag an Abraham. Die Heiligkeit ist wie ein Trampolin zur Transzendenz. In eine NGO passt der Begriff Heiligkeit nicht hinein. Wohl muss es ein angemessenes Sozialverhalten geben, Aufrichtigkeit, eine Vorstellung davon, wie man seine Mission voranbringt, eine Politik nach innen hin. Das kann innerhalb dieser Weltlichkeit wunderbar funktionieren. Doch bei einer Religion ist die Heiligkeit in den geistlichen Führern unabkömmlich.

Skorka: Zweifellos. Wer eine Gemeinde leitet, muss ein integrer Mensch sein, der sich die Gerechtigkeit auf die Fahnen geschrieben hat und ihr gemäß handelt. Eine der größten Herausforderungen stellt sich einem geistlichen Führer, wenn er vermitteln muss, um den Frieden wiederherzustellen. Oder biblisch gesprochen: Wenn er sich vor

Gott für sein Volk einsetzen muss. Nichts anderes tat Abraham, als er mit Gott feilschte, um die Gerechten der Städte Sodom und Gomorra zu retten,[43] die Gott wegen der Ruchlosigkeiten ihrer Bewohner vernichten wollte. Abraham feilscht mit Gott, um Menschen zu retten. Wie anders ist da die krankhafte Sucht nach absoluter, willkürlicher Macht, wie wir sie auf der Welt so häufig erleben! Die großen Diktaturen des 20. Jahrhunderts bieten dafür den schrecklichsten Beweis. Manche Wissenschaftler, die das Verhalten von Menschen und Gesellschaften untersuchen, sind der Meinung, dass die totalitären Bewegungen des Nationalsozialismus und des Kommunismus sich in ihrer Symbolik und Mystik religiöser Strukturen bedienten. Die Massen sehnen sich oft nach einem Retter, der alle ihre Probleme löst, ihnen alle ihre Ängste nimmt, und diese Sehnsucht wird von Vertretern des Bösen ausgenutzt, die die Menschen verführen und sich in ihr Herz und ihren Verstand einschleichen, um sich ihrer dann nach Lust und Laune zu bedienen. Auch Argentinien leidet schon seit Langem an diesem Phänomen. Unsere Gesellschaft neigt dazu, Erlöser zu wählen. Was dazu führt, dass wir Machthaber haben, aber keine wahren Führer. Wahre Führer haben Ziele. Machthaber hingegen verwalten nur. Wahre Führer haben Werte, eine Vision, sind bemüht, in der Gegenwart die Weichen für eine bessere Zukunft zu stellen, wollen kommenden Generationen ein Vorbild sein. Machthaber hingegen denken nur ans Heute. Wenn Politik und Religion etwas gemeinsam haben, dann nicht den Bezug zu Gott, sondern das Bestreben, sich der Nöte der Menschen anzunehmen. Politik und Religion sind zwei Perspektiven auf dasselbe

Problem: der Mensch und sein Schicksal. Das beste Gegenmittel, um nicht auf schändliche Führer hereinzufallen, ist Bildung.

6. Über die Seminaristen

Bergoglio: An diesem Punkt sollten wir uns der Frage zuwenden, wie wir ausbilden, wie wir jene in ihrem Wachstum unterstützen, die sich entschließen, in den Dienst der Kirche zu treten. Manche glauben, wer Geistlicher werden will, schlage die *Priesterlaufbahn* ein. Zum Glück ist dieser Ausdruck aus der Mode gekommen, denn das Wort *Laufbahn* erweckt das Bild, als gäbe es eine Rangfolge, als handle es sich um ein Unternehmen. Hingegen erwächst alles daraus, dass jemand von Gott berufen, einbestellt, berührt wird. Wir stellen die Ausbildung auf vier Säulen. Die erste ist das geistige Leben, wo der Anwärter in Dialog mit Gott tritt, in der Innenwelt. Deshalb ist das erste Ausbildungsjahr dem Kennenlernen und der Praxis des Gebets, des geistigen Lebens gewidmet. Später geht das alles weiter, aber nicht mehr in der gleichen Intensität. Die zweite Säule bezieht sich auf das Gemeinschaftsleben, in unserer Vorstellung gibt es keine einzelgängerische Ausbildung. Es ist essenziell, »durchgeknetet« zu werden und in einer Gemeinschaft zu wachsen, um sie später führen und leiten zu können. Dafür gibt es unsere Seminare. In jeder Gemeinschaft treten Wettkämpfe und Eifersüchteleien auf, und das hilft, das Herz reinzuwaschen und zu lernen, anderen Platz einzuräumen. Diese Situationen offenbaren sich sogar bei den Fußballspielen der Seminaristen. Eine weitere Säule ist das intellektuelle Leben, die Seminaristen studieren sechs Jahre lang an der Fakultät für Theologie. Zwei Jahre sind der Philosophie gewidmet als Grundlage der Theologie. Anschließend kommt die von Fachleuten gelehrte dogmatische Theologie: wie Gott, die Dreifaltigkeit, Jesus, die Sakramente erklärt werden. Außerdem gibt es die Inhalte der Bibel und die Moraltheologie. Die vierte Säule ist das, was wir das apostolische Leben nennen: Die Seminaristen fahren an den Wochenenden in eine ihnen zugewiesene Pfarrgemeinde, um den Pfarrer in seinen seelsorgerlichen Aufgaben zu unterstützen. Im letzten Ausbildungsjahr leben sie direkt in der Pfarrei. Wir erwarten, dass in diesem Jahr der völligen Hingabe Tugenden und Mängel zutage treten. Zu diesem Zeitpunkt kommen die Dinge klarer zum Vorschein, die zu verbessern sind, und auch die, die der Persönlichkeitsbildung förderlich sind, das Charisma. Wir sagen gern, dass diese vier Säulen in Interaktion miteinander stehen müssen, eine muss die andere beeinflussen.

Skorka: Die Ausbildung zum Rabbiner ist auch nicht einfach, weil die Quellen, die man studieren muss, auf Hebräisch oder Aramäisch verfasst sind. Auch der Unterricht selbst wird auf Hebräisch abgehalten. Hinzu kommt, dass Seminaristen, sobald sie über genügend Grundkenntnisse verfügen, als Assistenten des Rabbiners arbeiten, weil ein Mangel an geistlichen Führern herrscht. Natürlich sieht der Lehrplan auch Fächer wie Philosophie, Bibelkunde, Talmud, Geschichte und Bibelkritik vor. Da es sich um ein konservatives Rabbinerseminar[44] handelt, ist das Wissensspektrum sehr breit und die Offenheit für die Interpretation der Quellen groß. Wir analysieren auch die hebräische Literatur aller Epochen und unterrichten andere Fächer, die für die pastorale Arbeit von Bedeutung sind wie Psychologie, Soziologie und Anthropologie. Es ist uns daher besonders wichtig, dass alle, die unser Seminar besuchen, einen akademischen Titel haben oder anstreben.

Bergoglio: Um katholischer Seminarist zu werden, braucht man keinen Universitätsabschluss. Den Abschluss erwerben sie in Theologie oder Philosophie, doch tatsächlich gibt es inzwischen immer mehr Seminaristen mit Universitätsabschluss oder bereits zwei oder drei absolvierten Studienjahren. Es ist nicht mehr so wie früher, die Leute kommen älter ins Seminar. Und das ist viel besser, weil man an der Universität von Buenos Aires das wahre Leben kennenlernt, die verschiedenen Sichtweisen darauf, die unterschiedlichen wissenschaftlichen Ansätze, die Weltoffenheit … Es ist eine gute Art, Bodenhaftung zu entwickeln.

Skorka: Gerade deswegen fordern wir ja einen Universitätsabschluss, damit unsere Seminaristen über einen möglichst großen Realitätssinn verfügen. Idealerweise haben sie Geisteswissenschaften studiert, aber das ist kein Muss. Ich selbst bin ja Doktor der Chemie. Gott kann man auch an der Vollkommenheit seiner Werke erkennen. Ich habe mich immer als Forscher auf den verschiedenen Feldern der Wissenschaft betrachtet, aber die Judaistik hat es mir besonders angetan. Und irgendwann habe ich beschlossen, mich ihr ganz zu widmen und Dozent zu werden.

Schon während meiner Doktorarbeit fungierte ich als Rabbiner. Wie Albert Einstein würde auch ich gern den Plan kennen, nach dem Gott das Universum geschaffen hat. Ich glaube auch nicht, dass zwischen diesen beiden Bereichen ein Widerspruch besteht. Dass das Universum eine Ordnung hat, ist meiner Meinung nach ein Fingerzeig Gottes.

Bergoglio: Wir nehmen im Seminar nur ungefähr 40 Prozent der Bewerber an, die Berufung muss also klar ausgeprägt sein. Es gibt zum Beispiel ein psychologisches Phänomen: Menschen mit Pathologien oder Neurosen, die nach äußeren Sicherheiten suchen. Manche haben das Gefühl, dass sie für sich allein keinen Erfolg im Leben haben werden, und suchen nach Körperschaften, die sie beschützen. Eine dieser Körperschaften ist der Klerus. Wir sind diesbezüglich wachsam, wir versuchen, die Interessenten gut kennenzulernen, wir unterziehen sie eingehenden psychologischen Tests, bevor sie ins Seminar eintreten. Anschließend, im einjährigen Zusammenleben vor dem Eintritt, sieht man sich jedes Wochenende und unterscheidet zwischen denen, die eine Berufung haben, und denen, die in Wirklichkeit nicht berufen sind, sondern eine Zuflucht suchen oder sich in der Wahrnehmung ihrer Berufung täuschen. Bei der Annahme, dass alle, die eintreten, berufen sind, kann später auch die Untreue diesem Ruf gegenüber in Erscheinung treten. Der Fall Sauls: Er wurde gerufen und hinterging den Herrn.[45] Ein Beispiel wäre die Verweltlichung. Im Lauf der Geschichte hat es verweltlichte Geistliche und Bischöfe gegeben. Unter einem verweltlichten Geistlichen stellt man sich oft einen vor, der heimlich eine Frau hat, doch das ist nur eines der Doppelleben, die vorzukommen pflegen. Da sind jene, die darauf aus sind, das Religiöse für politische Allianzen zu verhandeln oder für die geistliche Weltlichkeit. Ein katholischer Theologe, Henri de Lubac, sagt, das Schlimmste, was den Gesalbten, den zum Dienst Berufenen passieren kann, sei, nach den Kriterien der Welt zu leben statt nach den Kriterien, die der Herr durch die Gesetzestafeln und das Evangelium aufgetragen hat. Geschähe das in der ganzen Kirche, wäre die Situation sehr viel schlimmer als in jenen beschämenden Epochen mit zügellosen Priestern. Das Schlimmste, was uns im Priesterleben passieren kann, ist weltlich zu sein, Bischöfe oder Geistliche *light*.

Skorka: Auch das Judentum sagt, dass man sich nicht im Weltlichen verlieren soll. Im Talmud kritisieren die Weisen all diejenigen, die nach einem Leben im Hier und Jetzt streben und das ewige Leben gering schätzen. Denn der Gedanke an ein ewiges Leben hat zur Konsequenz, dass alles, was wir tun, eine Wirkung in der Zukunft hat, eine Transzendenz. Bis hierhin sind wir, denke ich, einer Meinung. Bei der Frage jedoch, welcher Weg der beste ist, unterscheiden sich die jüdische und die katholische Sicht der Dinge. Die katholische Kirche hat irgendwann beschlossen, das Äußerste zu fordern: absolute Ergebenheit, den Verzicht auf Familie. Sie verlangt, in der Welt zu sein, ohne sich auf das Weltliche einzulassen. Im Judentum hingegen lautet die Anweisung: »Nimm die Herausforderungen des Weltlichen an, ringe mit den Schwierigkeiten, die die Moden des Augenblicks dir bereiten, und halte trotzdem an deinen Werten fest.« Allerdings gibt es auch in der jüdischen Gemeinschaft strenggläubige Menschen, die sich in ein Ghetto zurückziehen und nur dann Kontakt mit der Außenwelt aufnehmen, wenn es unbedingt nötig ist. Ich hingegen gehöre der konservativen Strömung an – oder nennen wir sie lieber traditionsgebunden –, die Juden nahelegt, sich einerseits der Realität zu stellen und andererseits an der Idee festzuhalten, dass man sich nicht im Weltlichen verstricken darf. Das ist ein schwieriger Spagat und mit das größte Problem des Judentums in heutiger Zeit. Wir leben nicht mehr in Ghettos, sondern werden im Gegenteil immer mehr zu Weltbürgern. Sich nicht von den Moden beeinflussen zu lassen, sondern an der Suche nach Spiritualität festzuhalten, darin besteht die große Herausforderung. Ein katholischer Priester steht ebenfalls vor einem gewaltigen Problem: Er darf nicht in seinem Elfenbeinturm verharren, sondern muss sich unter die Leute begeben. Dies gilt allerdings genauso für einen sehr traditionalistischen Juden. Gemeinsam stellt sich uns die Aufgabe, uns nicht im Weltlichen zu verlieren, aber die Antwort auf dieses gemeinsame Problem fällt jeweils anders aus.

Bergoglio: Ich möchte noch etwas klarstellen: Der katholische Priester heiratet in der westlichen Tradition nicht, in der östlichen kann er das jedoch tun. In der Ostkirche heiraten sie vor der Ordination; wenn man bereits ordiniert ist, kann man nicht mehr heiraten. Der katholische Laie, der das Leben in seiner Fülle lebt, beschreitet den Weg, den Sie beschrieben haben. Er steckt bis über beide Ohren in der Welt, lässt sich jedoch nicht vom Geist der Welt mitreißen. Und das ist gar nicht so leicht. Was ist nun mit uns, den Geweihten? Wir sind so schwach, dass wir uns stets der Versuchung zur Uneindeutigkeit ausgesetzt sehen: Man möchte das Brot und den Kuchen, das Gut der Weihe und das Gut eines Lebens als Laie. Vor meinem Eintritt ins Seminar war ich auf diesem Weg. Doch später, wenn man diese einmal getroffene religiöse Wahl hegt und pflegt, findet man Kraft auf dem Weg. So erlebe ich es zumindest, was nicht ausschließt, dass man irgendwo ein Mädchen kennenlernt. Als Seminarist verzauberte mich ein junges Ding, das ich auf der Hochzeit eines Onkels kennenlernte. Ihre Schönheit, ihre intellektuelle Ausstrahlung überraschten mich … na ja, ich war eine ganze Zeit lang belämmert, sie ging mir nicht aus dem Kopf. Als ich nach dem Hochzeitsfest ins Seminar zurückkam, konnte ich eine ganze Woche lang nicht beten, denn immer wenn ich es tun wollte, kam mir das Mädchen in den Sinn. Ich musste neu darüber nachdenken, was ich machen wollte. Noch war ich frei, denn ich war ja noch Seminarist, ich konnte also nach Hause zurückgehen, und das war's dann. Ich musste noch einmal über diese Option nachdenken. Wieder wählte ich den geistlichen Weg – oder ließ mich wählen. Es wäre anormal, wenn solche Dinge nicht passieren würden. Wenn es geschieht, muss man wieder neu Stand fassen. Man muss sehen, ob man sich neu entscheidet oder sagt: »Nein, was ich gerade fühle, ist so schön; ich fürchte, dass ich später meiner Verpflichtung nicht treu bin, ich verlasse das Seminar.« Wenn einem Seminaristen so etwas passiert, helfe ich ihm, in Frieden zu gehen. Er soll lieber ein guter Christ als ein schlechter Priester werden. In der Westkirche, der ich angehöre, können die Geistlichen nicht heiraten wie in den byzantinischen, ukrainischen, russischen oder griechischen katholischen Kirchen. Dort können die Priester heiraten; die Bischöfe nicht, sie müssen zölibatär leben. Es sind sehr gute Seelsorger. Manchmal mache ich mir einen Spaß mit ihnen und sage, sie haben zwar eine Frau zuhause, seien sich aber nicht im Klaren gewesen, dass sie sich auch eine Schwiegermutter mit einkauften. In der Westkirche wird das Thema auf Anstoß einiger Organisationen diskutiert, für den Moment wird an der Disziplin des Zölibats festgehalten. Manche sagen mit einem gewissen Pragmatismus, dass wir damit Arbeitskräfte verlieren. Falls die Westkirche, hypothetisch betrachtet, das Thema des Zölibats neu prüfen würde, so täte sie das, glaube ich, aus kulturellen Gründen (wie im Osten), nicht so sehr als allgemeine Option. Für den Moment bin ich für die Beibehaltung des Zölibats, mit allen dazugehörigen Pros und Contras, denn es sind zehn Jahrhunderte mit mehr guten als schlechten Erfahrungen. Skandale sieht man nun einmal auf den ersten Blick, doch die Tradition hat Gewicht und Gültigkeit. Die katholischen Würdenträger haben das Zölibat nach und nach gewählt. Bis 1100 gab es manche, die sich dafür entschieden, und andere, die das nicht taten. Später folgte der Osten der nicht-zölibatären Tradition als persönliche Option, und der Westen machte es andersherum. Es ist eine Frage der Disziplin, nicht des Glaubens. Es kann geändert werden. Mir persönlich ist es nie durch den Kopf gegangen zu heiraten. Doch es gibt Fälle. Denken Sie an den paraguayischen Präsidenten Fernando Lugo,[46] ein brillanter Mann. Aber als Bischof kam er zu Fall und verzichtete auf die Diözese. In dieser Entscheidung war er ehrlich. Manchmal kommen Geistliche auf diese Weise zu Fall.

Skorka: Und wie ist Ihre Haltung dazu?

Bergoglio: Wenn einer zu mir kommt und sagt, er habe eine Frau geschwängert, höre ich ihn an, bemühe mich, dass er Frieden findet, und mache ihm allmählich begreiflich, dass das Naturrecht seinem Recht als Priester vorangeht. Dementsprechend muss er sein geistliches Amt niederlegen und sich um das Kind kümmern, auch wenn er beschließt, die Frau nicht zu heiraten. Denn so wie dieses Kind ein Recht auf eine Mutter hat, hat es ein Anrecht auf das Gesicht seines Vaters. Ich verpflichte mich, alle Papiere in Rom für ihn zu erledigen, aber er muss alles aufgeben. Wenn mir nun ein Priester sagt, er habe sich hinreißen lassen und einen Fehltritt begangen, helfe ich ihm, sich zu bessern. Es gibt Priester, die sich bessern, und andere nicht. Manche kommen mit dieser Frage leider nicht einmal zum Bischof.

Skorka: Was heißt das: sich bessern?

Bergoglio: Dass sie Buße tun, ihr Zölibat einhalten. Das Doppelleben tut uns nicht gut, ich halte nichts davon, es bedeutet, die Falschheit zu substanziieren. Manchmal sage ich zu einem: »Wenn du es nicht aushalten kannst, triff deine Entscheidung.«

Skorka: Ich würde gern etwas klarstellen. Wenn sich ein Priester in eine Frau verliebt und beichtet, ist das eine Sache. Wenn es sich dabei um einen Pädophilen handelt, eine ganz andere. Pädophilie muss an der Wurzel bekämpft werden, ist eine schwere Sünde. Aber wenn zwei erwachsene Menschen ein Liebesverhältnis eingehen, wenn sie sich wirklich lieben, darf man nicht so streng sein.

Bergoglio: Ja, aber sie sollen sich bessern. Dass das Zölibat als Konsequenz Pädophilie nach sich zieht, ist ausgeschlossen. Über 70 Prozent der Fälle von Pädophilie geschehen im familiären und nachbarschaftlichen Umfeld: durch Großväter, Onkel, Stiefväter, Nachbarn. Das Problem hängt nicht mit dem Zölibat zusammen. Wenn ein Priester pädophil ist, dann war er das schon, bevor er Priester wurde. Wenn dies nun geschieht, darf man nicht zur Seite schauen. Man kann nicht eine Machtposition einnehmen und das Leben eines anderen Menschen zerstören. In meiner Diözese ist das nie vorgekommen, aber einmal rief mich ein Bischof an, um zu fragen, was man in einer solchen Situation tun solle. Ich sagte ihm, er solle ihm die kanonischen Lizenzen entziehen, ihm nicht mehr gestatten, das Priesteramt weiter auszuüben, und er solle ein kirchenrechtliches Verfahren beim entsprechenden Diözesangericht einleiten. Für mich ist das die Haltung, die man einnehmen muss, ich halte nichts von Positionen, die vorschlagen, einen gewissen Korpsgeist zu pflegen, um so zu verhindern, dass das Image der Institution Schaden nimmt. Diese Lösung wurde, soweit ich weiß, einmal in den Vereinigten Staaten vorgeschlagen: die Priester in eine andere Pfarrei zu versetzen. Das ist eine Dummheit, weil der Priester auf diese Art das Problem im Rucksack mitnimmt. Die korporative Reaktion führt zu solchen Konsequenzen, deshalb bin ich mit diesem Ausweg nicht einverstanden. Kürzlich wurden in Irland Fälle aufgedeckt, die schon an die zwanzig Jahre so gingen, und Papst Benedikt hat klar gesagt: »Null Toleranz gegenüber diesem Verbrechen.« Ich bewundere den Mut und die Geradlinigkeit von Benedikt XVI. in dieser Angelegenheit.

Skorka: Das Judentum ist im Gegensatz zum Katholizismus nicht hierarchisch organisiert. Jede Gemeinde muss ihren geistlichen Führer selbst kontrollieren. In der talmudischen Literatur findet sich folgender Aphorismus: »Respektiere jeden Menschen, aber verdächtige ihn auch.«[47] Jeder Mensch muss mit seinen dunklen Seiten kämpfen, jeder Mensch kann fehlgehen. Deshalb müssen in einer Gemeinde alle ein Auge aufeinander haben: der Rabbiner auf seine Seminaristen und umgekehrt. Wenn sich herausstellt, dass der Rabbiner sich unkorrekt verhalten hat, dann muss er – wenigstens in einem schweren Fall – aus dem Amt entfernt werden. Im Rabbinischen Seminar ergeht es uns ähnlich, wie Sie das vorhin über das Priesteramt geschildert haben, dass nämlich Leute Rabbiner werden wollen, die psychisch auffällig sind. Daher fertigen auch wir bei allen, die ins Seminar aufgenommen werden wollen, ein psychologisches Gutachten an, vertraulich, versteht sich. Man kann nicht vorsichtig genug sein bei Menschen, die man mit Macht ausstattet, die man zum geistlichen Führer einer Gemeinde ernennt. In den 1970er Jahren wurde übrigens ausgerechnet gegen Marshall Meyer[48] Anzeige erstattet, den Gründer des Rabbinerseminars und der Konservativen Bewegung in Argentinien. Als ich ihn kennenlernte, steckte er noch mitten in diesem Prozess. Es ist unbestritten, dass Marshall Meyer die jüdische Gemeinde Argentiniens und die Gesellschaft im Allgemeinen revolutioniert hat: Er hat es gewagt, mitten in der Diktatur für die Menschenrechte einzutreten; er hat sich für politische Gefangene engagiert, sie im Gefängnis besucht, hat seine Kontakte spielen lassen; er hat unzählige Väter und Mütter von Verschwundenen beraten und getröstet; und er hat vehement für die Wiedereinführung der Demokratie gekämpft. Meiner Meinung nach hat er den ihm verliehenen *Orden del Libertador San Martín*, die höchste Auszeichnung, die Argentinien zu vergeben hat, mehr als verdient. Was in der Zeit vor all diesen Verdiensten war, darüber darf ich mir keine Meinung erlauben, weil ich die Hintergründe nicht kenne. Ich will damit nur sagen, dass die Möglichkeit einer Anzeige schon damals existierte. Die gerichtlichen Nachforschungen ergaben übrigens keinen Hinweis darauf, dass Marshall Meyer sich unkorrekt verhalten hätte. Jedenfalls muss ein geistlicher Führer nicht nur vor Gott ein lauteres Leben führen, sondern auch vor den Menschen. Er muss größte Sorgfalt walten lassen und alles vermeiden, was Verdacht erregen könnte.

7. Über das Gebet

Skorka: Das Gebet muss dazu dienen, die Menschen zu vereinen. Es ist ein Moment, in dem alle dieselben Worte sprechen. Im Judentum ist es sogar so, dass sich mindestens zehn Menschen zusammenfinden müssen, um einem Gebet Kraft zu verleihen. Das Gebet ist also ein gemeinschaftsstiftender Akt: Wir beten mit denselben Worten, auf dieselbe Art und Weise, mit demselben Ziel. Vor allem aber muss das Gebet ein Akt der Innenschau sein, jeder muss sich selbst finden, um mit Gott zu sprechen. Das ist gar nicht so einfach, denn bei diesem Dialog gilt es zu unterscheiden zwischen der eigenen Stimme und der Stimme Gottes. Einer der Gründe, warum man die Bibel studieren sollte, liegt genau hier: um zu lernen, diese beiden Stimmen nicht zu verwechseln. Jeder mystische Akt ist ein Versuch, Gott näherzukommen, ihn zu spüren. Und genau dies ist auch die Grundbedingung des Gebets. Das hebräische Wort für beten lautet *leitpalel* und bedeutet: sich selbst beurteilen. Wann immer man sich Gott nähern will, muss man zunächst einmal seine eigenen Fehler entdecken.

Bergoglio: Beten ist ein Akt der Freiheit. Doch manchmal kommt es zu dem Versuch, das Gebet kontrollieren zu wollen, was gleichbedeutend damit ist, Gott kontrollieren zu wollen. Das hat mit einer Verzerrung zu tun, mit einem exzessiven Ritualismus oder mit einer der vielen anderen Kontrollhaltungen. Beten heißt zu sprechen und zu hören. Es gibt Momente tiefer Stille, der Anbetung, in Erwartung dessen, was geschehen wird. Im Gebet lebt diese ehrfurchtsvolle Stille mit einer Art des Schacherns zusammen wie in der Situation, als Abraham mit Gott über die Strafen für Sodom und Gomorra verhandelt. Mose feilscht auch, indem er für sein Volk bittet, er möchte den Herrn überzeugen, sein Volk nicht zu bestrafen. Das ist eine mutige Haltung, die zusammen mit Demut und Anbetung für das Beten unbedingt erforderlich ist.

Skorka: Mit Gott im Streit zu liegen ist nicht das Schlimmste, was einem passieren kann. Das Schlimmste, was einem passieren kann, ist, dass er einem gleichgültig wird. Ein religiöser Mensch wird auch unter den schrecklichsten Umständen weiterhin mit Gott sprechen, so wie die vielen Menschen, die beim Betreten der Gaskammer riefen: »Höre, Israel! Jahwe, unser Gott, Jahwe ist einzig«,[49] unser Glaubensbekenntnis; die trotz allem an Gott festhielten. In unser rituelles Gebet am Versöhnungstag nehmen wir immer die Erzählung »Jossel Rackover spricht zu Gott«[50] mit hinein. Sie handelt von dem Juden Jossel Rackover, der in den letzten Stunden des Warschauer Ghettos sein Vermächtnis schreibt. Seine Frau und seine Kinder sind tot, nur er ist noch am Leben. Trotzdem schreibt er, dass er weiterhin an den Gott Israels glaubt, auch wenn der alles getan hat, dass er nicht an ihn glauben soll. Für mich ist das der wahre Glaube.

Bergoglio: Die Gleichgültigkeit hat verschiedene Ausprägungsformen. Wenn die Gottesdienste allmählich zu gesellschaftlichen Events verkommen, verlieren sie an Kraft. Ein Beispiel ist die Feier der Hochzeit, bei der man sich manchmal fragt, was an dieser Zeremonie religiös sein soll, warum der Geistliche überhaupt eine Predigt über Werte hält, wo doch viele Leute auf einer anderen Wellenlänge unterwegs sind. Sie heiraten, weil sie sich den Segen Gottes wünschen, doch dieser Wunsch ist so versteckt, dass er nicht sichtbar wird. In manchen Kirchen – und ich weiß ehrlich gesagt nicht, wie man dem Abhilfe schaffen kann – kommt es bei den Hochzeiten zu einem heftigen Wettstreit zwischen den Trauzeuginnen und der Braut, zum Beispiel um das Kleid (oder den Grad der Entblößung). Diese Damen nehmen nicht an einem religiösen Akt teil, sie wollen selber glänzen. Und mir lastet das auf dem Gewissen, als Pfarrer lasse ich es geschehen und finde keinen Weg, dem Einhalt zu gebieten. Ich nenne das Beispiel der Hochzeiten, weil es dort besonders auffällt.

Skorka: Das liegt daran, dass wir in einer Gesellschaft leben, die sehr dem Hier und Jetzt verhaftet ist, in einer sehr säkularen Gesellschaft. In einem solchen Fall lade ich die Eltern und das Brautpaar ein und erläutere ihnen den Wert der Zeremonie, bereite also das Terrain vor. Ich sage dann, sie sollen nicht vergessen, dass sie ein Gotteshaus betreten werden, dass wir zwar keine Anstandspolizei sein wollen, aber dass sie immer ein Tuch oder einen Schal zur Hand haben sollten. Bei diesen Treffen versuche ich, die

Würde der Ehe herauszustreichen und auf die Herausforderungen hinzuweisen, die sich dem Paar stellen werden: ein Zuhause zu schaffen und Kinder großzuziehen. Und genauso halte ich es in der Predigt, denn sie ist meine einzige Chance, um zu verhindern, dass die Hochzeit zum Laufsteg für Models verkommt, zu etwas rein Oberflächlichem.

Bergoglio: Wir führen, um beim Beispiel der Ehe zu bleiben, diese Vorbereitung ebenfalls durch. Ausgehend von der Realität – denn einige leben bereits zusammen, andere sind erst seit kurzer Zeit ein Paar – führt der Priester ein Gespräch mit ihnen, in dem er versucht, die religiösen Werte hervorzuheben. Es gibt Kirchen, in denen diese Vorbereitung sehr gut gemacht wird, in anderen ist es formaler. Dasselbe gilt für die Erstkommunion. Die Mädchen tragen zur Erstkommunion kein Kleid mehr, sondern alle die gleiche weiße Tunika. Das mit den Kleidern ist verschwunden. Wenn man das Beten kontrollieren möchte, wenn man gleichgültig gegenüber der Beziehung zu Gott ist, misst man schließlich den weltlichen Dingen Bedeutung zu. Sie haben diese Kultur genannt, als Sie vom Säkularen gesprochen haben. Ich glaube, das Weltliche ist narzisstisch, konsumistisch und hedonistisch. Der Geist der liturgischen Feier muss einen anderen Ton haben, stärker mit dem Spirituellen und der Begegnung mit Gott verbunden sein.

Skorka: Im Judentum gibt es keine Trennung zwischen dem Spirituellen und dem Materiellen. Und ebenso wenig gibt es eine Trennung zwischen Körper und Geist. Der Mensch ist eine Einheit. Alles, was wir mit dem Körper tun, muss der Ausdruck eines tiefen Gefühls sein. Was das

Geld betrifft: Es ist nicht an sich schlecht; es kommt immer darauf an, was man damit macht. Es ist ein Mittel. Wenn es zum Selbstzweck wird und es nur noch darum geht, immer mehr zu haben, wird es zu etwas Bösem. Auch religiöse Gemeinschaften brauchen Geld, um ihre Aufgaben zu erfüllen. Aber sie müssen so sorgsam damit umgehen wie eine Firma oder eine NGO, sonst gehen sie unter. Selbst in den einfachsten Synagogen bezahlen Gemeindemitglieder bei hohen Feiertagen für einen Platz. Und auch wer aufs Podium steigt, um aus der Tora und den Büchern der Propheten vorzulesen, entrichtet einen Obolus: Er bezahlt dafür, Gott mit seiner Lektüre ehren zu dürfen. Man kann auch dafür bezahlen, dass einem anderen diese Ehre zuteilwird, damit auch diejenigen, die nicht so viel haben, zum Zuge kommen. Früher opferten die Gläubigen etwas aus ihrem Besitz, um Gott zu ehren, denn mit ihren finanziellen Zuwendungen schufen sie die Möglichkeit, sich mit spirituellen Fragen auseinanderzusetzen. Die Zeit vor dem Versöhnungstag bietet sich besonders an, um hohe Spendengelder zu sammeln. Man ruft wohlhabende Menschen zusammen – vorausgesetzt natürlich, es handelt sich um rechtschaffene Leute – und gibt ihnen die Ehre, am Aus- oder Einheben der Tora mitzuwirken. Wir rufen aber nicht nur die Begüterten zu uns, sondern laden auch diejenigen ein, die sich durch besonders integres Verhalten ausgezeichnet haben. Man muss ein Gleichgewicht finden. Denn auch die, die eine Institution finanziell unterstützen, verdienen Wertschätzung. Jeder sucht auf seine Weise Anerkennung: der eine durch das, was er im Laufe des Jahres tut, durch seine tätige Mithilfe; der andere dadurch, dass er seinen Nächsten unterstützt; und wieder ein anderer durch das, was er materiell beiträgt. Geld ist nicht grundsätzlich schlecht. Es kommt nur darauf an, wie man es einsetzt.

Bergoglio: Interessant, wie wir ausgehend vom Gebet auf das Thema der Gleichgültigkeit und des Geldes gekommen sind. In der katholischen Tradition ist es nicht mehr geläufig, Plätze zu reservieren. Wohl gibt es Mess-Stipendien, die zum Unterhalt des Kultes dienen. Idealerweise kommen diese – notwendigen – Mittel von den Gläubigen und nicht von anderer Seite. Es kann vorkommen, dass jemand diesen Gebrauch des Geldes versachlicht und ihm magische Kraft zuschreibt und denkt, dank der Zuwendung erreiche man wer weiß was. Aber es ist kein Kauf, sondern eine Darbringung in dem Sinn, den Sie genannt haben. Ich werde sehr ärgerlich, wenn es für bestimmte religiöse Zeremonien »Preislisten« gibt. Vor zwei Jahren hatte eine Pfarrgemeinde in Buenos Aires Gebühren für Taufen angesetzt, je nach Tag. Oder ein Paar möchte heiraten und sie werden von einer Pfarrsekretärin in Empfang genommen, die ihnen die »Preisliste« reicht: Mit Teppich kostet es so viel, ohne Teppich soundso viel usw. Damit macht man aus dem Kult ein Geschäft. Wir sind es, die dieser Weltlichkeit Raum geben. Im Evangelium formuliert Jesus einen sehr interessanten Gedanken, als er gerade mit den Aposteln im Tempel zusieht, wie die Gläubigen ihre Almosen in den Opferkasten geben. Die Wohlhabenden gaben ziemlich viel Geld. Da kam eine arme Witwe und warf zwei kleine Münzen hinein. Daraufhin sagte Jesus zu den Jüngern: »Diese arme Witwe hat mehr hineingeworfen als alle anderen.«[51] Denn die anderen gaben von dem, was sie im Übermaß hatten, sie jedoch gab alles, was sie zum Leben besaß. Das ist das wahre Almosen. Nicht das, was zu viel ist, es muss eine Entbehrung beinhalten. Bei der Beichte frage ich die Leute, ob sie Almosen geben. Im Allgemeinen bejahen sie das. Dann frage ich sie, ob sie den Personen, die das Almosen empfangen, in die Augen sehen. Die häufigste Antwort ist »Ich weiß nicht«. Ich frage weiter: Und berühren Sie die Hand dessen, dem Sie Almosen geben, vom Bettler auf der Straße? Daraufhin werden sie rot und antworten nicht mehr. Das Almosen ist ein Akt tiefer menschlicher Großzügigkeit, wenn man es für den Nächsten tut, das ist sein Sinn und Zweck. Es ist nie ein Kauf.

Skorka: Einer der schwersten Vorwürfe der Propheten an die Menschen lautet, dass sie zwar beten, aber keine Werke der Gerechtigkeit tun. Wer das eine tut, muss auch das andere tun: Man muss dem Nächsten helfen, man muss dem Hungernden Brot geben, dem Nackten Kleidung. Wer Blut an den Händen hat, kann nicht zu Gott sprechen; wer gestohlen oder betrogen hat, auch nicht. Darin besteht die wahre Herausforderung: eine Welt zu schaffen, in der niemand um Almosen betteln muss. Daran sollten wir arbeiten. Eine Gesellschaft, in der Menschen um Geld betteln müssen, ist krank. Übrigens bedeutet beten auch, dem anderen in die Augen zu sehen, seine Hände zu berühren, um zu erfahren, dass auch derjenige, der leidet, ein Bruder ist, um zu spüren, dass es darum geht, die Bedürftigkeit aus der Welt zu schaffen.

Bergoglio: Der Akt der Gerechtigkeit, der durch die Hilfe für den Nächsten konkret wird, ist Gebet. Ansonsten verfällt man in die Sünde der Heuchelei, so etwas wie eine

Schizophrenie der Seele. Man kann diesen dysfunktionalen Zügen zum Opfer fallen, wenn man nicht bedenkt, dass der Herr in meinem Bruder ist und mein Bruder Hunger leidet. Wenn jemand seinen Bruder nicht versorgt, kann er nicht mit dem Vater seines Bruders sprechen, mit Gott. Unsere gemeinsame Tradition hat das immer bedacht. Etwas anderes, das ich gern erwähnen möchte, ist der Wert der Reue im Gebet: Gott zu bitten, er möge Erbarmen mit mir haben, weil ich ein Sünder bin. Jesus erzählt eine Parabel, in der ein Pharisäer im Tempel betet und dem Herrn dankt, weil er nicht wie die anderen Menschen ist, er erfüllt das ganze Gesetz und tut, was von ihm verlangt wird. Hinter ihm steht ein anderer, der Zöllner, zuständig für das Eintreiben der römischen Steuern. Er traut sich nicht aufzublicken und bittet um Gnade, weil er ein Sünder ist. Der Erste ging genauso hinaus, wie er hereingekommen war, aber der Zweite ging als Gerechter hinaus.[52] Das ist Reue: vor Gott hinzutreten, die Dummheiten, die Sünden anzuerkennen, sich vor Ihm niederzubeugen. Deshalb ist der Hochmütige nicht fähig zu beten und der Selbstzufriedene ebenso wenig.

Skorka: Auch wer gesündigt hat, darf zu Gott zurück. Wer zum Herrn zurückkehren will, dem muss die Tür geöffnet werden. Andererseits wäre es gut für die Menschheit, wenn diejenigen, die vielen den Tod gebracht haben, sei es im Namen einer Ideologie oder, noch schlimmer, im Namen Gottes, aufrichtig Buße leisteten. Die unseligen Sektenführer frönten einem religiösen Hedonismus, einer Hybris, die sich über dem Schöpfer wähnt. Indem sie ihre Anweisungen als unwiderruflich bezeichneten, als Befehle, die strikt ausgeführt werden mussten, ehrten sie nicht Gott, sondern verfolgten schlicht ihre schändlichen Interessen. Solche Dinge dürfen sich nicht wiederholen. Wir müssen begreifen, dass die Religion die erhabenste Manifestation des Menschlichen ist, allerdings nur dann, wenn sie sich ihre reine Form erhält. Wenn sie sich mit anderen Dingen vermischt, entsteht ein Zerrbild, eine hedonistische Wirklichkeit, in der der Mensch angebetet wird, das Ego. Die Bibel erzählt von Einfachheit, von Demut, vom Kampf des Menschen gegen seine dunkle Seite. Da gibt es einen David, der Fehler begeht und zu ihnen steht; da gibt es einen Abraham, der mal groß ist, mal erbärmlich, der mit seinen menschlichen Schwächen ringt. Im Laufe der Geschichte wurde häufig im Namen Gottes Krieg geführt. Man könnte auch sagen: Um einer Institution, einer Macht, eines Reiches willen wurde im Namen Gottes gemordet. Dadurch geriet die Religion selbst in Verruf, die Suche nach Gott. Tatsächlich aber hätte nur die religiöse Institution in Verruf geraten sollen für die Fehler, die sie begangen hat.

Bergoglio: David war seinerzeit Ehebrecher und geistiger Urheber eines Mordes, und dennoch verehren wir ihn wie einen Heiligen, weil er den Mut hatte zu sagen: »Ich habe gegen den Herrn gesündigt.«[53] Er warf sich vor Gott nieder. Man kann eine Katastrophe anrichten, doch man kann das auch eingestehen, sein Leben ändern und wiedergutmachen, was man getan hat. In der Kirchengemeinde gibt es tatsächlich Menschen, die nicht nur dem Geiste nach oder physisch getötet haben, sondern die indirekt durch den schlechten Gebrauch des Kapitals, durch das Zahlen ungerechter Löhne, getötet haben. Vielleicht gehört

einer Wohltätigkeitsgesellschaften an, zahlt seinen Ange-
stellten aber nicht den angemessenen Lohn oder stellt sie
»schwarz« ein. Das ist die Heuchelei, die Schizophrenie,
die ich meinte. Von manchen kennen wir die Lebensdaten
und wissen, dass sie sich als Katholiken geben, doch sie
haben diese unanständige Einstellung und bereuen sie
nicht. Aus diesem Grund gebe ich in manchen Situationen
nicht die Kommunion, ich bleibe im Hintergrund, und die
Helfer geben sie, denn ich möchte nicht, dass solche Personen für ein Foto vor mich hintreten. Einem öffentlichen
Sünder, der keine Buße geleistet hat, könnte man die Kommunion verweigern, aber es ist sehr schwer, diese Dinge zu
beweisen. Die Kommunion zu empfangen heißt, den Leib
des Herrn zu empfangen, in dem Bewusstsein, dass wir
eine Gemeinschaft bilden. Doch wenn ein Mensch, obwohl
er zum Volk Gottes gehört, dem Leben vieler Personen
schwer geschadet hat, kann er die Kommunion nicht empfangen: Das wäre ein völliger Widerspruch. Diese geistige
Heuchelei tritt bei vielen auf, die Unterschlupf in der Kirche suchen und nicht nach der von Gott verkündeten Gerechtigkeit leben. Sie zeigen auch keine Reue. Von ihnen
sagen wir gewöhnlich, dass sie ein Doppelleben führen.

8. ÜBER DIE SCHULD

Bergoglio: Schuld kann in zwei Bedeutungen verstanden werden: als Verstoß und als psychologisches Gefühl. Letztgenanntes ist nicht religiös; jedoch würde ich die Behauptung wagen, dass es ein religiöses Gefühl sogar ersetzen kann, so etwas wie die innere Stimme, die anzeigt, dass ich mich geirrt habe, dass ich etwas Schlechtes getan habe. Es gibt Personen, die schuldsüchtig sind, weil sie es brauchen, in Schuld zu leben; dieses psychologische Gefühl ist krankhaft. Sich anschließend in Gottes Barmherzigkeit zu flüchten, scheint aus diesem Schuldgefühl heraus sehr viel einfacher, denn ich gehe beichten und fertig: Der Herr hat mir bereits vergeben. Aber so einfach ist es nicht, denn man ist lediglich hingegangen, damit einem der Fleck weggewaschen wird. Und ein Verstoß ist eine ernstere Angelegenheit als ein bloßer Fleck. Manche Leute spielen mit dieser Frage der Schuld und machen die Begegnung mit der Barmherzigkeit Gottes zu einem Gang in den Waschsalon, um sich bloß den Fleck wegwaschen zu lassen. Und so wird alles immer schlimmer.

Skorka: Ich bin vollkommen Ihrer Meinung. Gut gemeinte Ratschläge, das Bild der sich ständig schuldig fühlenden jüdischen Mutter: Das sind alles nur Anekdoten, jedenfalls hat es nichts zu tun mit dem Wesen der Schuld im jüdisch-christlichen Verständnis. Wenn man ein Gebot übertritt, hat man immer die Möglichkeit, sich von der Schuld zu befreien. Man muss sich allerdings verändern, damit man diese Übertretung nicht noch einmal begeht. Es genügt nicht, einfach zu sagen: »Ich habe mich geirrt.« Natürlich hilft es, wenn man ein Gebet spricht, eine Spende tätigt, ein gutes Werk tut, aber immer nur dann, wenn man wirklich in sich gegangen ist. Wer also sagt, die jüdische und christliche Religion arbeiteten mit dem Konzept von Schuld, der irrt gewaltig, denn in unserem Verständnis ist die Übertretung eines Gebots nicht das Ende der Welt. Jeder kann Fehler begehen, er muss diese Fehler nur wiedergutmachen. Und er darf sie vor allem nicht wiederholen.

Bergoglio: Die Schuld für sich allein gehört in die Welt der Götzenanbeterei. Es ist eine weitere menschliche Ausflucht. Schuld ohne Wiedergutmachung lässt mich nicht wachsen.

Skorka: Ich glaube nicht, dass die Schuld ein ausschließlich religiöses Gefühl ist. Sie ist ein kulturelles Phänomen. Schuldgefühle werden auch dadurch erzeugt, dass man sagt: »Du darfst dieses oder jenes nicht tun.« Damit schafft man bei einem Kind ein Bewusstsein für Richtig und Falsch und legt damit die Grundlage für die Vorstellung von Schuld, was wiederum zu der Idee von Strafe und Gerechtigkeit führt. Wir beide sind davon überzeugt, dass es nicht nur eine irdische Gerechtigkeit gibt, sondern dass wir uns eines Tages auch vor Gott verantworten müssen. Schließlich hat Gott uns seine Gebote gegeben: »Du sollst nicht stehlen«, »Du sollst nicht töten«. Die Idee von Schuld muss es allein schon deshalb geben, weil klar sein muss, dass jemand, der eine zerstörerische Tat begeht, irgendwann zur Rechenschaft gezogen wird.

Bergoglio: Früher war es ganz normal, den *Cuco* und den *Hombre de la Bolsa* heraufzubeschwören.[54] Heutzutage sagt man einem Kind, dass der *Cuco* kommt, und es lacht einem laut ins Gesicht. In unserer Kindheit hat man uns vom *Cuco* erzählt. Die Furcht allein ist eine Übertreibung, eine schlechte Erziehungsmethode. Die puritanische Strömung des Systems hat das oft so gemacht. Das Problem liegt darin, die Übertretung als etwas darzustellen, was einen von Gott entfernt. Ich verweise auf den heiligen Augustinus, wie er von der Erlösung, von Gottes Liebe spricht. Mit Bezug auf die Sünde von Adam und Eva wird ihm der Ausdruck »glückliche Schuld« zugeschrieben. Ich nehme ihn beim Wort. Als würde Gott sagen: »Ich habe zugelassen, dass einige das Gebot übertreten, damit sie vor Scham erröten.« Denn dort werden sie den Gott der Barmherzigkeit treffen. Falls nicht, sind sie Christen mit guten Umgangsformen, aber schlechten Gewohnheiten im Herzen: die Hochmütigen. Manchmal macht uns die Übertretung in Gottes Gegenwart demütig und bringt uns dazu, um Vergebung zu bitten.

Skorka: Ich bin wieder ganz Ihrer Meinung. Die Übertretung hat die Funktion, uns zu zeigen, dass wir nicht vollkommen sind. Auch wer sagt, dass er vollkommen sein will, wird irgendwann einen Fehler begehen. Und das soll er auch, damit ihm klar wird, dass er sich nicht selbst genügt. Wenn jemand immer übergenau und korrekt ist, tut ihm eine Frustration vielleicht ganz gut. Denn Selbstgenügsamkeit wird schnell zu Überheblichkeit. Und Überheblichkeit zerstört Welten.

9. ÜBER FUNDAMENTALISMUS

Skorka: Rabbiner und Priester sollten versuchen, Gott den Menschen näherzubringen, das ist ihre Aufgabe. Rabbiner heißt ja auch Lehrer. Was ist die Rolle des Priesters im Katholizismus?

Bergoglio: Sie ist dreifach: Lehrer, Leiter des Volkes Gottes und Vorsitzender der liturgischen Versammlung, wo das Gebet, die Anbetung stattfinden.

Skorka: Aber soll er den Menschen Gott näherbringen wie im Judentum? Wir sagen: »Ich helfe dir, ich kann dich lehren, was die Schriften sagen, aber den Ruf musst du selber spüren.«

Bergoglio: Der Auftrag der Lehre enthält auch dies. Man kann die Entscheidung eines anderen nie ersetzen. Der Priester, der sich anmaßt, ausschließlich Anweisungen zu erteilen, wie es in fundamentalistischen Gruppierungen geschieht, entwertet die Menschen auf der Suche nach Gott und verstümmelt sie. In seiner Rolle als Lehrer unterrichtet der Priester, er unterbreitet die offenbarte Wahrheit und begleitet die Menschen. Selbst wenn er Scheitern miterleben muss, er begleitet. Der Lehrer, der sich anmaßt, die Entscheidungen für den Schüler zu treffen, ist kein guter Priester, er ist ein guter Diktator, einer, der die religiöse Persönlichkeit der anderen entwertet.

Skorka: Das ist ein sehr wichtiger Punkt. In jüdischen Kreisen gibt es tatsächlich geistliche Führer, die ein großes Charisma und viel Strahlkraft besitzen. Wenn sie etwas sagen, kann man sich dem kaum entziehen, selbst wenn es sich dabei um etwas handelt, das jeder mit sich selbst ausmachen muss. In einer Welt, die so unsicher geworden ist wie die unsere, in der alles sich von einem Augenblick zum nächsten ändern kann, verlangen viele Menschen nach einer »Wahrheit«, nach etwas, an dem sie sich festhalten können in einer flüssigen Realität, und sei dieses Etwas noch so oberflächlich. Manche Wahrheiten über Gott findet man nur in sich selbst. Es gibt im Judentum wie in jeder anderen Glaubensgemeinschaft geistliche Führer, die diese Art von Religiosität, die dem Innersten entspringen muss, negieren und über das Leben der anderen bestimmen wollen. Wie ist das im Katholizismus?

Bergoglio: Der Lehrer unterbreitet die Wahrheiten Gottes, er zeigt, welches der Weg ist. Wenn er jedoch ein wahrer Lehrer ist, lässt er seinen Schüler gehen und begleitet ihn in seinem geistlichen Leben.

Skorka: Wie viele nicht so wahre Lehrer gibt es? Hat ihre Zahl in letzter Zeit zugenommen?

Bergoglio: Ja, die Zahl der kleinen reaktionären Gruppierungen hat zugenommen; ich nenne sie Fundamentalisten. Wie Sie sagten, inmitten dieser ganzen Unsicherheiten sagen sie den jungen Leuten: »Mach dies und jenes.« Daraufhin begeistern sich die Jungen oder Mädchen von 17 oder 18 Jahren, sie treiben sie mit strikten Anweisungen nach vorn und legen ihnen wirklich eine Hypothek auf ihr Leben, und mit 30 explodieren sie. Denn sie haben sie nicht vorbereitet, um die tausendundeine Lebenskrise zu überstehen, den tausendundeinen eigenen Fehler eingeschlossen, die tausendundeine Ungerechtigkeit, die man begeht. Sie verfügen beispielsweise über keine Elemente, um die Barmherzigkeit Gottes kennenzulernen oder zu verstehen. Diese sehr starre Art der Religiosität verkleidet sich mit Doktrinen, die Rechtfertigungen zu geben behaupten, doch in Wirklichkeit entziehen sie die Freiheit und lassen die Leute nicht wachsen. Zu einem großen Teil landen sie im Doppelleben.

Skorka: Der Fundamentalismus ist eine Haltung, die sagt: Die Dinge sind so und nicht anders, Ende der Diskussion. Man darf aber auch nicht ins andere Extrem verfallen und so tun, als wäre alles beliebig. Man muss den Mittelweg finden. Oder wie Maimonides schon im Mittelalter lehrte: den »goldenen Weg«. Das gilt nicht nur für die Religion, das gilt für alle Ordnungen, vor allem auch für die Politik. Es ist nur so, dass es in der Religion verheerendere Folgen hat. Wenn jemand im Namen Gottes tötet, tut es mehr weh, viel mehr weh. Und auch der Schaden ist größer, denn es wird nicht nur ein perverses Verbrechen verübt und die Würde des Menschen verletzt, sondern auch der Glauben selbst unterhöhlt. Dem Glauben wird sozusagen die Glaubwürdigkeit genommen. Ich benutze das Wort in einem sehr weiten Sinn: als Glauben an Gott und als Glauben an eine Welt, in der die Menschen in Frieden und Eintracht leben können.

Bergoglio: Im Allgemeinen betrachtet man Fundamentalisten in den Religionen als Sonderlinge. Deshalb kommt der Wahrnehmung des religiösen Oberhaupts über die fundamentalistischen Gruppen seiner Gemeinschaft eine immense Bedeutung zu. Manche sind naiv, sie durchschauen es nicht und tappen in die Falle. Aber es gibt einen Instinkt, der uns sagen lässt: »Das ist nicht der Weg, den ich möchte.« Der Auftrag des Herrn ist: »Geh deinen Weg vor mir und sei rechtschaffen.«[55] Auf dem Weg, beim Gehen, widerfährt einem alles Erdenkliche, und das kann Gott verstehen. Im rechtschaffenen Wesen liegt die Reue für die begangenen Fehler und die Wiederannahme des Herrn. Der Fundamentalist kann in sich selbst keinen Fehler ertragen. In einer gesunden Religionsgemeinschaft spürt man sie sofort auf. Man hört: »Das ist ein Extremist, der geht zu weit, man sollte ein bisschen verständnisvoller sein.« Fundamentalismus ist nicht, was Gott möchte. Als ich ein kleiner Junge war, gab es in meiner Familie beispielsweise eine gewisse puritanische Tradition, nicht fundamentalistisch, aber auf dieser Linie. Wenn jemand Nahestehendes sich scheiden ließ oder sich trennte, betrat man sein Haus nicht mehr; man glaubte kaum weniger, als dass die Protestanten alle in die Hölle fahren würden. Aber ich erinnere mich an das eine Mal, als ich bei meiner Großmutter war, einer großartigen Frau, und gerade zwei Frauen von der Heilsarmee vorbeikamen. Ich fragte sie mit meinen fünf oder sechs Jahren, ob das Nonnen seien, weil sie diese Häubchen aufhatten, die sie früher trugen. Sie gab mir zur Antwort: »Nein, das sind Protestanten, aber sie sind gut.« Das war die Weisheit der wahren Religion. Es waren gute Frauen, die Gutes taten. Diese Erfahrung kontrastierte mit der puritanischen Ausbildung, die man anderswo erhielt.

Skorka: Der französische Islamwissenschaftler Gilles Kepel hat ein Buch mit dem Titel »Die Rache Gottes« geschrieben. Darin untersucht er den islamischen Fundamentalismus, aber nicht ohne vorher einen Überblick über den jüdischen und christlichen Fundamentalismus gegeben zu haben. Er analysiert das Phänomen politisch, soziologisch und wirtschaftlich, weist beispielsweise darauf hin, dass die Ölkrise der 1970er Jahre zur Entstehung des Fundamentalismus entscheidend beigetragen hat. Er zieht zur Erklärung die Theorie der Massenpsychologie heran. Auch im Judentum haben wir mit Fundamentalismus zu kämpfen, denken wir nur an die Ermordung von Yitzchak Rabin,[56] eines der schmerzlichsten Ereignisse der jüngeren israelischen Geschichte. Gott ehrt man, indem man die Freiheit und den anderen ehrt. Das tägliche Gebet eines Juden beginnt folgendermaßen: »Gelobt seist du, Ewiger, unser Gott und Gott unserer Väter, Gott Abrahams, Gott Isaaks und Gott Jakobs …« Warum wiederholen wir das Wort Gott vor jedem Patriarchen? Weil jeder Patriarch ein anderes Verhältnis zu Gott hat. Niemand darf einem anderen eine Wahrheit aufzwingen. Man muss sie lehren, zu ihr hinführen, damit am Ende jeder dieser Wahrheit in der für ihn stimmigen Weise Ausdruck verleihen kann. Für einen Fundamentalisten ist das natürlich völlig inakzeptabel.

Bergoglio: Diese Art von restaurativem Fundamentalismus ist auch Opium, denn sie entfernt vom lebendigen Gott. Das Opium ist ein Götze, der einen auf Linie bringt wie jeder andere Götze auch. Sie schrauben Gott auf ein

Wesen zurück, das man mit Vorschriften lenken kann: »Wenn ich das mache, wird es mir gut ergehen, wenn ich jenes mache, wird es mir an nichts fehlen.« Das ist eine Art, Wohlbefinden, Vermögen und Glück zu kaufen. Aber es ist nicht mehr der lebendige Gott, der, der einen auf dem Weg begleitet.

Skorka: Der Fundamentalismus geht sogar noch weiter, er enthält eine Wertung und ein Urteil über den anderen. Weil der andere nicht so lebt, wie ich glaube, dass Gott sagt, wie wir leben sollen, darf ich ihn töten. Dies ist der extreme Auswuchs, dem der Fundamentalismus mit seinem Hass den Boden bereitet. Und natürlich haben Sie Recht, wenn Sie sagen, dass er eine andere Form von Opium ist, von Entfremdung. Wie viele wohlhabende Menschen wenden sich an Wundertäter, Mystiker oder Kabbalisten, weil sie denken, sie müssten nur bestimmte Dinge tun, und schon läuft alles gut für sie. Im Judentum – und ich könnte mir vorstellen, dass es in der katholischen Kirche nicht anders ist – gibt es Leute, die dem Rabbiner viel Geld für wohltätige Zwecke spenden, für Schulen, Waisenhäuser, Straßenkinder, weil sie denken: Der Rabbiner hat einen besonderen Draht zu »dem da oben« und wird ein gutes Wort für mich einlegen, damit meine Geschäfte florieren. Als wäre Gott käuflich. Gibt es das auch im Katholizismus?

Bergoglio: Das gibt es manchmal auch, eine Tendenz, in der religiösen Dimension für den göttlichen Schutz zu bezahlen, Gott zu kaufen. Oder besser gesagt, ihn zu bestechen versuchen. Gott geht diese Art von Beziehung nicht ein. Das Gebet einer Person mit dieser Haltung ist nichts weiter als ein Selbstgespräch.

Skorka: Bestechung ist wie Tango: Man braucht dafür immer zwei. Einen, der gibt, und einen, der nimmt. Sie ist nicht nur ein Problem des Gläubigen, sondern auch des Priesters, der sich darauf einlässt.

Bergoglio: In der Zeit der Eins-zu-eins-Wechselkursbindung an den Dollar kamen einmal zwei offizielle Funktionäre zu mir ins Vikariat von Flores und sagten, sie hätten Geld für die Armenviertel. Sie stellten sich als sehr katholisch dar, und nach einer Weile boten sie mir 400 000 Pesos zum Ausbau der Armenviertel an. In einigen Dingen bin ich sehr naiv, doch in anderen funktioniert mein *Alarmometer*. Diesmal funktionierte er. Ich begann sie genauer nach den Projekten zu fragen, und sie sagten mir schließlich, dass sie mir von den 400 000, die ich als erhalten quittieren würde, nur die Hälfte geben würden. Ich fand einen eleganten Ausweg: Da die zonalen Vikariate kein Bankkonto haben und ich auch nicht, sagte ich ihnen, sie müssten das Geld direkt bei der Kurie einzahlen, die nur Zuwendungen in Scheckform oder mit Beleg von der Bankeinzahlung entgegennimmt. Die Typen zogen ab. Wenn diese Personen, ohne das Terrain zu sondieren, mit diesem Vorschlag bei mir landeten, vermute ich, dass irgendein Kirchenmensch oder Geistlicher sich zuvor für diesen Deal hergegeben hatte.

Skorka: Was wieder mal zeigt: Eine Institution ist nur so gut wie die Menschen, die für sie arbeiten.

10. ÜBER DEN TOD

Bergoglio: Gott gibt immer das Leben. Er gibt einem das Leben hier, und er gibt einem das Leben im Jenseits. Er ist der Gott des Lebens, nicht des Todes. In unserer theologischen Lesart des Bösen gibt es die Szene des Sündenfalls. Das Böse kam durch die Hinterlist des Teufels in die Welt, der – wie wir bereits sagten – neidisch wurde, weil Gott den Menschen als das vollkommenste Wesen schuf. Deshalb kam der Teufel in die Welt. In unserem Glauben ist der Tod eine Konsequenz der menschlichen Freiheit. Wir waren es, die sich durch unsere Sünden für den Tod entschieden haben, der in die Welt kam, weil wir dem Ungehorsam gegen den Plan Gottes Raum gaben. Die Sünde kam in die Welt, als Hochmut gegenüber den Plänen des Herrn, und mit ihr der Tod.

Skorka: Im Judentum gibt es verschiedene Ansichten über den Tod. Was wir nicht haben, ist die Idee der Erbsünde. Die Szene deuten wir vielmehr folgendermaßen: In der Mitte des Gartens Eden standen zwei Bäume: der Baum der Erkenntnis von Gut und Böse und der Baum des Lebens. Im Grunde waren es ganz gewöhnliche Bäume, wobei der Baum der Erkenntnis kein Apfelbaum war, wie es oft heißt, sondern ein Feigenbaum, aus dessen Blättern sich Adam und Eva später einen Schurz machten.[57] Mit anderen Worten: Derselbe Baum, der sie verleitete, das göttliche Gebot zu übertreten, diente ihnen dazu, sich zu bedecken.[58] Es waren einfache Bäume, die daran erinnerten, was man nicht tun darf, und dass der Mensch nicht das Maß aller Dinge ist. Aber der Mensch forderte Gott heraus. Die Übertretung des Gebots lässt alle möglichen Deutungen zu, man darf jedenfalls nicht zu dogmatisch sein. Etwas ging verloren, aber was, ist nicht ganz klar. Es starb ein Teil der Geistigkeit im Menschen, aber der Tod war schon vorher da, denn er ist Teil der Natur. In dem Moment, in dem Gott den Menschen schuf, legte er fest, dass seine Lebensdauer begrenzt sein würde. Deshalb hat der Tod vielleicht auch sein Gutes. Alles, was Gott schuf, schuf er zum Wohl des Menschen. Der Tod ist kein einfaches Thema. Und trotzdem ist der Tod das große Thema des Lebens. Mit unserer jeweiligen Antwort legen wir fest, wie wir unseren Weg auf Erden gestalten. Wenn wir der Ansicht sind, dass mit dem Tod alles zu Ende ist, dass wir wieder zum Staub zurückmüssen, wie es in dem Bibelvers heißt,[59] dann werden wir uns nicht an etwas Transzendentem orientieren, sondern am Hier und Jetzt, was zu einem hedonistischen, egozentrischen und sich selbst verherrlichenden Leben führt. In Wahrheit aber gleicht der Mensch einem Baum: Er muss einen Zyklus durchlaufen, Früchte bringen und mit seinen Samen dafür sorgen, dass ein neuer Zyklus entsteht. Das Leben selbst zeigt uns, dass es etwas Transzendentes gibt. Die Bibel deutet es nur an, spricht nicht direkt von dem, was den Menschen nach dem Tod erwartet. Sehr wohl aber betont sie den Aspekt der Transzendenz: Das, was ich heute tue, wird sich auf meine Kinder übertragen. In der religiösen Literatur finden sich viele Geschichten, in denen Flüche von Eltern auf Kinder, von Familien auf Familien übergehen. Zum Beispiel die Geschichte von Eli,[60] dem Priester im Heiligtum von Schilo, bei dem Samuel in die Lehre ging. Da sich seine Söhne schändlich betrugen, er sie aber nicht energisch genug zurechtwies, kam ein Fluch über seine Familie und wurde von einer Generation auf die nächste übertragen. Jeremia ist der Letzte, von dem wir hören, dass ihn ein solcher Fluch traf. Der Prophet heiratete nicht, hatte keine Kinder, kein Zuhause. Oder in seinen eigenen Worten: war ein Mann, der mit aller Welt in Streit und Zank liegt[61] und der den Untergang Jerusalems prophezeit. Alles ist Schmerz und Tränen. Da die Bibel ein eher lakonisches Buch ist, hat das Judentum eine offizielle Auslegung entwickelt: im Talmud. Und dort taucht die Vorstellung einer kommenden Welt – sehr nachdrücklich – auf. Und ebenso die Idee, dass es eine Hölle und Eden als einen himmlischen Ort gibt. Und wieso taucht das alles auf? Ich glaube, weil sich die Weisen zu fragen begannen, warum der Gerechte leiden muss. Wo blieb die Gerechtigkeit Gottes? Warum wurden die Weisen, die lediglich die Tora lehren wollten, von den Römern zur Zeit Hadrians gemartert und gevierteilt? Warum ließ Gott dies alles zu? Die Antwort lautet: Weil es noch ein anderes Leben gibt und in diesem anderen Leben jeder für das bezahlen muss, was er auf Erden angerichtet hat. Dieses andere Leben ist eine Sache der Intuition, des Glaubens, es entspringt einem tiefen religiösen Gefühl. Für alle, die glauben, dass der Mensch ein erhabenes Wesen ist, also auch für den Agnostiker, bedeutet der Tod nicht einfach die Auflösung des Ich, sondern stellt an uns den Anspruch, unseren Kindern, unseren Schülern und überhaupt all unseren Mitmenschen ein Vermächtnis zu hinterlassen. Kein materielles Erbe wohlgemerkt, sondern ein Vermächtnis: Werte.

Bergoglio: Ich möchte den Gedanken des Vermächtnisses aufgreifen. Zu denken, wir müssen ein Erbe hinterlassen, hat eine höchst ernsthafte anthropologische und religiöse Dimension, die von Würde spricht. Man sagt gleichsam zu sich selbst: Ich schließe mich nicht in mir ein, ich pferche mich nicht in meinem Leben ein, das Meinige wird zumindest übergehen auf meine Kinder, denen ich ein Erbe hinterlasse. Und auch wenn man keine Kinder hat, gibt es ein Vermächtnis. Das wird in der Bibel stark betont. Zum Beispiel in der Erzählung von Nabots Weinberg:[62] Der Sohn bekommt ihn und wird ihn nicht verkaufen, sondern er bewahrt ihn und wird ihn ebenfalls an die künftigen Generationen weitergeben. Wer nur im Augenblick lebt, stellt sich die Frage des Vermächtnisses nicht, nur die augenblicklichen Umstände sind bedeutsam, die Lebensjahre, die noch vor einem liegen mögen. Das Vermächtnis hingegen entwickelt sich auf der Pilgerfahrt der Menschheit durch die Zeit: Der Mensch erhält etwas und muss etwas Besseres hinterlassen. In jungen Jahren schaut man nicht so sehr aufs Ende, man misst dem Augenblick mehr Wert bei. Doch ich erinnere mich an zwei kurze Reime, die mir meine Großmutter beibrachte: »Schau, Gott schaut dich an, schau, gerade jetzt schaut er dich an; schau, sterben wirst auch du, weißt du auch nicht, wann.« Das hatte sie unter Glas auf ihrem Nachttisch, und jedes Mal, wenn sie sich hinlegte, las sie es. Auch siebzig Jahre später kann ich das nicht vergessen. Es gibt noch einen Vers, von dem sie mir erzählte, sie habe ihn auf einem italienischen Friedhof gelesen: »Mensch, der du vorüberschreitest, halt inne in deinem Schritt und denk von allen Schritten an deinen letzten Schritt.« Sie vermittelte mir das Wissen, dass alles zu Ende geht, dass man alles gut hinterlassen muss. Für das christliche Leben muss der Tod ein Begleiter auf dem Weg sein. Ich zum Beispiel denke jeden Tag daran, dass ich sterben werde. Ich quäle mich nicht deswegen, denn der Herr und das Leben haben mich vorbereitet. Ich habe meine Vorfahren sterben sehen, und nun bin ich an der Reihe. Wann? Ich weiß es nicht. In der christlichen Tradition wird an den Ostertagen ein lateinischer Bibelspruch gelesen, der auf bewundernswerte Weise zum Ausdruck bringt, wie Leben und Tod miteinander ringen. Sie tun das in jedem Einzelnen von uns, und das meint nicht nur den biologischen Aspekt, sondern die Art und Weise, wie man lebt und stirbt. In den Evangelien taucht das Thema des Jüngsten Gerichts auf, und zwar verbunden mit der Liebe. Jesus sagt: Zur rechten Seite gehen alle, die dem Nächsten geholfen haben, und zur linken alle, die dies nicht getan haben, denn was ein jeder von euch getan hat, das hat er mir getan. Für die Christen ist der Nächste die Person des Christus.

Skorka: Ich finde interessant, was Sie über das Ringen zwischen Leben und Tod gesagt haben. Es erinnert mich an den »Lebenstrieb« und den »Todestrieb«, die ja nicht wirklich Freuds Entdeckung sind. Man findet sie schon in der

Bibel, im Buch Deuteronomium, wo Mose dem Volk Israel sagt, Gott habe den Himmel und die Erde als Zeugen angerufen, dass er ihm Leben und Tod, Segen und Fluch vorgelegt habe, damit es das Leben wähle.[63] Es gibt diese innere Spannung. Manche Menschen sind schon tot, obwohl ihr Körper noch lebt. Der uruguayische Dramatiker Florencio Sánchez[64] lässt einmal seine Figur Lisandro sagen, ein Mensch ohne Charakter sei wie eine wandelnde Leiche. Der Tod ist ein tiefgründiger Begriff, es gibt geistige Suizide und langsame Suizide wie den des starken Rauchers. Es gibt diejenigen, die sich illegale Autorennen liefern und so ihre Missachtung des Lebens anderer und des eigenen Lebens demonstrieren, in einem permanenten Flirt mit dem Tod. Wir müssen uns fragen, wie wir mit der täglichen Präsenz des Todes umgehen sollen, mit der Angst, die er hervorruft. Ich bearbeite die Angst vor dem Tod mittels meines Glaubens, und ich denke, wenn er kommt, werde ich in eine andere, geistige Wirklichkeit eintreten. Wir glauben, dass es ein Leben nach dem Tod gibt. Nur sprechen können wir nicht über das, was kommt, denn das wäre überheblich, da wir lediglich eine schwache Ahnung davon haben.

Bergoglio: Im Allgemeinen wird das Wort *glauben* so verwendet, dass man es dem Begriff *Meinung* angleicht, doch hier benutzen wir es mit einer anderen Bedeutung, im Sinne von Unbeirrtheit, von Festhalten. Wenn ich sage, »ich glaube, es gibt etwas darüber hinaus«, sage ich damit eigentlich, dass ich mir dessen sicher bin. In der Sprache der Theologie ist Glauben eine Gewissheit. Und das Leben dort wird hier vorbereitet, in der Erfahrung der Begegnung mit Gott, es beginnt mit dem Staunen der Begegnung.

Mose trifft Gott mit 80 Jahren, er hatte schon einen Bauch angesetzt, hütete die Schafe seines Schwiegervaters, und plötzlich ein brennender Busch: Staunen. Er kann sagen: Ich habe Gott gesehen. In anderen Teilen der Bibel, zum Beispiel im Buch der Richter, ist von der Angst vor dem Sterben die Rede, nachdem man Gott gesehen hat.[65] Nicht dass es eine Strafe wäre, ihn zu sehen, sondern dass man bereits in die andere Dimension getreten ist und weiß, dass man dorthin aufbrechen wird. Das ist die gehaltvollste Interpretation, die ich in der Bibel über das Leben danach finde. Man kann nicht in einem Zustand fortwährenden Erstaunens leben, doch die Erinnerung an diesen Moment vergisst man nicht. Wir glauben, dass es ein Leben nach dem Tod gibt, weil wir es bereits hier zu spüren beginnen. Aber nicht durch eine süßliche Gefühlsduselei, sondern durch das Staunen, vermöge dessen Gott sich uns kundgetan hat.

Skorka: Es gibt viele Menschen – ich würde sie als Agnostiker bezeichnen –, die sich nicht an diesem Staunen festhalten, von dem Sie sprechen, und die den Tod trotzdem gelassen nehmen. Sie wollen nur nicht leiden, wenn es ans Sterben geht, aber sie haben keine Angst vor dem Tod. Sie sagen: »Wenn es so weit ist, dann ist es eben so weit.« Deshalb halte ich auch nichts von der Theorie, wonach der Glaube an eine zukünftige Welt nur eine theologische Erfindung ist, um die Angst vor dem Tod zu lindern. Diese Angst kann vielerlei Gründe haben, zum Beispiel die natürliche Furcht vor dem Unbekannten. Selbst wenn es eine zukünftige Welt gäbe, hätten wir immer noch Angst vor ihr, weil wir ja nicht wissen, was auf uns zukommt. Jede Verän-

derung im Leben erzeugt Angst. Es gibt im Leben Erfahrungen, die man nicht so einfach erklären kann und die uns
einen kleinen Fingerzeig liefern. Ich erinnere mich noch
gut daran, wie ich in meiner Jugend die Bücher der Propheten gelesen habe. Ich spürte regelrecht, wie sie innerlich
bebten, wie sie mit Gott sprachen. Vielleicht war ich dafür
besonders empfänglich, weil diese Sensibilität in meiner
Familie liegt, weil sie mir von Menschen vererbt wurde,
die ich nie kennengelernt habe, die in der Shoah gestorben
sind, Menschen mit einer stark ausgeprägten Spiritualität,
viel stärker jedenfalls als bei meinen Eltern und Großeltern. Warum hatte ich diese Sensibilität? Wie kann es sein,
dass so etwas in den Genen geschrieben steht? Das sind
Fragen, deren Antworten jenseits meines Bewusstseins
oder Unterbewusstseins liegen; die zeigen, dass es noch
andere Dimensionen gibt, eine andere Wirklichkeit.

Bergoglio: Wenn der Glaube an das Jenseits ein psycho-
logischer Mechanismus wäre, um das Angstgefühl abzu-
wenden, so würde er nichts nützen – die Angst käme trotzdem. Der Tod ist eine Enteignung, deshalb erlebt man ihn
mit Beklemmung. Man klammert sich an und will nicht
gehen, man fürchtet sich. Und es gibt keine Vorstellung
vom Jenseits, die einen davon befreien würde. Selbst der
Gläubigste fühlt, dass er beraubt wird, dass er einen Teil
seiner Existenz zurücklassen muss, seine Geschichte. Das
sind unübertragbare Empfindungen. Vielleicht haben Ko-
ma-Patienten etwas davon wahrgenommen. In den Evangelien sagt selbst Jesus vor dem Gebet auf dem Ölberg, dass
seine Seele Todesangst empfindet. Er hat Angst vor dem,
was kommen wird, das steht geschrieben. Nach den Berich-

ten der Evangelien[66] spricht er im Sterben den Psalm 22: »Mein Gott, mein Gott, warum hast du mich verlassen?« Dem entgeht keiner. Ich vertraue auf Gottes Barmherzigkeit, dass er wohlwollend sein wird. So gesagt: keine Angst mit Betäubung, wohl aber mit der Befähigung, sie auszuhalten.

Skorka: Das Bewusstsein, dass unsere Zeit begrenzt ist, macht uns Angst, aber noch viel mehr Angst macht uns, dass wir nicht wissen, wo diese Grenze ist. Außerdem ist es ein schrecklicher Gedanke, dass unsere Existenz nichts weiter als eine absurde Laune der Natur ist, dass mit dem Tod alles unwiderruflich endet. Dann hätten das Leben, Werte, Gerechtigkeit keinen Sinn … Zumindest, wenn man es konsequent zu Ende denkt. Es gibt also zwei Möglichkeiten: Für diejenigen, die sich mit dem Thema Gott nicht auseinandersetzen wollen, ist Menschlichkeit ein Wert an sich, die Botschaft der Güte, der Gerechtigkeit, die von einer Generation an die nächste weitergegeben wird; und für uns, die wir an Gott glauben, trägt jeder Mensch den göttlichen Funken in sich, bedeutet der Tod nur Veränderung.

Bergoglio: Vor Kurzem las ich einen Schriftsteller aus dem 2. Jahrhundert, der Ostern als einen Weg in seiner Gesamtheit verstand. Und das wandte er auf das Leben an. Auf gewisse Art sagte er: »Verliert nicht aus dem Blick, wohin ihr geht, und hütet euch, den Weg allzu angenehm zu gestalten, sonst lasst ihr euch vielleicht hinreißen und vergesst das Ziel.« Wir müssen uns um den Weg kümmern, in ihm scheint unsere ganze Kreativität auf, unsere Arbeit zur Verwandlung dieser Welt. Doch dabei dürfen wir nicht vergessen, dass wir auf dem Weg hin zu einer Verheißung sind. Der Weg ist eine schöpferische Verantwortung, um Gottes Auftrag zu erfüllen: Seid fruchtbar, vermehrt euch und unterwerft euch die Erde. Die ersten Christen verbanden das Bild des Todes mit dem der Hoffnung und verwendeten als Symbol den Anker. Die Hoffnung war also der Anker, den man ins Ufer geschlagen hatte, und an dem Tau hielt man sich fest, um sich, ohne vom Weg abzukommen, vorwärtszubewegen. Die Rettung liegt in der Hoffnung, die sich uns völlig enthüllen wird, doch währenddessen klammern wir uns an das Ankertau und tun das, was wir glauben, tun zu müssen. Der heilige Paulus sagt uns: »Denn auf Hoffnung hin sind wir gerettet.«[67]

Skorka: Wer hofft, muss sich in Hinblick auf das Ziel nicht unbedingt passiv verhalten. Man kann auch aktiv werden. Das jüdische Volk lebte 2000 Jahre lang in der Hoffnung, eines Tages in die Heimat zurückkehren zu können. Die meiste Zeit über fand diese Hoffnung ihren Ausdruck nur im Gebet. Aber irgendwann verließen viele Juden Europa und zogen nach Israel. Das ist der Unterschied zwischen Hoffnung und Optimismus: kein Ziel zu sein, sondern eine Haltung gegenüber dem Leben.

Bergoglio: Optimismus ist eine eher psychologische Frage, eine Haltung dem Leben gegenüber. Manche Menschen sehen immer das halb volle Glas, andere hingegen das halb leere. Die Hoffnung hat ihrer Grundlage nach etwas Passives, insofern sie eine Gabe Gottes ist. Die Tugend der Hoffnung kann man nicht für sich allein erlangen, der Herr muss sie einem schenken. Etwas anderes ist, wie jeder Einzelne sie verwendet, wie er sie einteilt, annimmt … Unserer Auffassung nach ist die Hoffnung eine der drei theologischen Tugenden, neben dem Glauben und der Liebe. Wir messen gewöhnlich dem Glauben und der Liebe größere Bedeutung bei. Und doch ist es die Hoffnung, die einem den ganzen Weg strukturiert. Die Gefahr ist, dass man sich in den Pfad verliebt und das Ziel aus den Augen verliert, und eine andere Gefahr ist der Quietismus: auf das Ziel zu schauen und auf dem Weg nichts zu tun. Das Christentum hatte Phasen starker quietistischer Bewegungen, die gegen den Auftrag Gottes gingen, der sagt, man müsse die Erde umwandeln und dafür arbeiten.

Skorka: Gläubige Menschen sehen dem Tod anders ins Auge, gelassener. Ich erinnere mich an einen Mann, einen tiefgläubigen Juden und Mitglied meiner Gemeinde. Eines Tages rief mich seine Tochter an und bat mich, ihn zu besuchen, weil er sehr krank sei und nach Auskunft des Arztes nur noch wenige Tage zu leben habe. Natürlich kam ich ihrer Bitte gern nach. Als ich eintrat, dachte ich, der Mann liege in den letzten Zügen. Stattdessen war er vollständig bei Sinnen, und nichts deutete darauf hin, dass er bald sterben würde. Ich sprach mit ihm, als wäre er überhaupt nicht krank. Weil aber die Tochter mir gesagt hatte, wie es um ihn stand, wählte ich meine Worte sehr sorgfältig, besonders, als ich mich von ihm verabschiedete. Ich sagte auf Hebräisch: »Gehe in Frieden.« Er wiederum gab mir die Hand und antwortete: »Gut, mein lieber Rabbi, dann sehen wir uns also drüben wieder.« Dieser Mann war absolut ruhig und beseelt von einem großen Glauben. Er verabschiedete sich voller Lebendigkeit vom Leben. Zwei Tage später starb er.

Bergoglio: Doch es gibt die Angst. Es ist der Moment der Loslösung, der Trennung. Man fühlt das, wenn man dem näher kommt. Die Loslösung ist nicht einfach, doch ich glaube, Gott hält einen an der Hand, wenn man gerade so weit ist, den Sprung zu tun. Man muss sich den Händen des Herrn anvertrauen, man selbst allein kann das nicht aushalten.

Skorka: Ein junger Mensch, der an den Tod denkt, denkt an all das, was er im Leben noch nicht getan hat. Ängstlich fragt er sich: Oje, wieso habe ich das noch nicht gemacht? Vieles liegt noch vor ihm. Wie werde ich mich in meinem Beruf behaupten? Wie werde ich als Vater sein? Mit der Zeit, wenn man viele Etappen des Lebens bereits durchlaufen hat, betrachtet man den Tod mit anderen Augen, immer noch mit einer gewissen Angst, aber doch anders. In der jüdischen Mystik heißt es, die Seele verharre immer noch eine Weile am Ort des Todes, fahre nicht gleich zum Himmel auf. Es ist eine Metapher für den Moment des Sterbens, für die Schwierigkeit, loszulassen. Manche Menschen werden kurz vor dem Tod ganz ruhig, weil der Gedanke sie tröstet, dass sie sich anvertrauen; dass die Geschichte noch nicht zu Ende ist, sondern dass sie sich jemandem anvertrauen.

11. ÜBER STERBEHILFE

Skorka: Die Medizin ist eine löbliche Sache, weil sie die Lebensbedingungen des Menschen verbessert, das steht außer Frage. Aber Vorsicht! Man kann es mit den medizinischen Maßnahmen auch übertreiben. Wenn man ein Leben künstlich verlängert, wenn man die Angehörigen unnötig belastet, indem man jemanden, den die Ärzte längst aufgegeben haben, an alle möglichen Schläuche hängt, nur weil Herz und Atmung noch irgendwie funktionieren, hat das nicht den geringsten Sinn. Man soll das Leben verlängern, ja, aber bitte schön unter lebenswerten Bedingungen.

Bergoglio: Unsere Moral besagt ebenfalls, man solle in den Fällen, in denen das Ende bereits vorgezeichnet ist, das tun, was notwendig und üblich ist. Die Lebensqualität muss gesichert werden. Die Kraft der Medizin liegt bei Patienten im Endstadium nicht so sehr darin, dass jemand drei Tage oder zwei Monate länger lebt, sondern dass der Organismus so wenig wie möglich leidet. Man ist nicht verpflichtet, das Leben durch außergewöhnliche Maßnahmen zu erhalten. Das kann der Würde der Person zuwiderlaufen. Etwas anderes ist die aktive Sterbehilfe; das ist töten. Ich glaube, heute gibt es eine verdeckte Sterbehilfe: die Krankenversicherungen zahlen bis zu einer bestimmten Behandlung und dann heißt es »möge Gott dir beistehen«. Der alte Mensch wird nicht so versorgt, wie es sein sollte, er wird vielmehr zu Wegwerfware. Manchmal werden dem Patienten Medikamente und normale Versorgung vorenthalten, und das bringt ihn allmählich um.

Skorka: Wir sind uns absolut einig darüber, dass man nicht gegen die Würde des Menschen handeln darf. Sterbehilfe ist ein schwieriges Thema, weil es Menschen gibt, die so unwürdig vor sich dahinvegetieren, dass es verständlich erscheint, wenn sie um die Verkürzung ihres Lebens bitten. Aktive Sterbehilfe aber bedeutet, dass wir absolute Macht über unseren Körper und unsere Existenz einfordern, und genau aus diesem Grund lehnen wir sie ab. Weil wir nämlich glauben, dass nur einer Macht über Leben und Tod haben sollte, trotz des freien Willens, den er uns gegeben hat, und das ist Gott. Wer sich selbst tötet, sagt, dass ihm das Leben voll und ganz gehört, dass er selbst über sein Leben und seinen Tod bestimmen kann. Aber das heißt nichts anderes, als Gott zu leugnen.

Bergoglio: Es gab eine Zeit, da wurde für einen Selbstmörder keine Begräbnisfeier gehalten, weil er nicht weiter auf das Ziel zuging; er setzte dem Weg ein Ende, wann er es wollte. Doch ich respektiere den Selbstmörder, es ist ein Mensch, der nicht die Oberhand über die Widersprüche gewinnen konnte. Ich lehne ihn nicht ab. Ich überlasse ihn den Händen der Barmherzigkeit Gottes.

Skorka: Beim Thema Selbstmord gibt es im Judentum zwei Lager. Das eine sagt, dass ein Selbstmörder an einem besonderen Ort begraben werden muss und dass bestimmte Gebete zu seinem Andenken nicht gesprochen werden dürfen. Das andere Lager sagt, dass ein Selbstmörder vielleicht in allerletzter Sekunde, wenn er bereits von der Brücke gesprungen ist, seine Tat bereut; und dass man den Selbstmord letztlich als einen unfreiwilligen Akt begreifen muss und folglich nicht bestrafen sollte. Andererseits wirkt ein Selbstmord ansteckend und ist schon deshalb zu verurteilen. Wenn ich mit einer Familie sprechen muss, in der jemand Selbstmord begangen hat, sage ich immer, dass der Selbstmörder krank war, nicht bei Sinnen, dass er nicht die leiseste Ahnung hatte, was er da tat. Selbstmord ist die schlimmste Folge einer Depression, eines Ungleichgewichts von Botenstoffen im Gehirn. Ein Depressiver meint, aus dem Leben scheiden zu müssen, nicht mehr leben zu können. Also versuche ich, sein Andenken zu wahren bei jenen, die untröstlich sind und sich fragen: Habe ich ihm denn so wenig bedeutet, dass er mich einfach so verlassen hat?

Bergoglio: Mir gefällt die Interpretation als Krankheit. Es kommt ein Moment, da schafft man es nicht mehr, Herr über alle Entscheidungen zu sein. Ich interpretiere den Selbstmord lieber so und nicht als einen Akt des Hochmuts. Doch ich möchte gern auf die Sterbehilfe zurückkommen: Ich bin überzeugt davon, dass es heutzutage verdeckte Sterbehilfe gibt. Dem Kranken muss man das Übliche und Notwendige geben, damit er leben kann, solange es Hoffnung auf Leben gibt. Im Endstadium sind lebensverlängernde Maßnahmen jedoch nicht verpflichtend. Mehr noch, selbst wenn es Hoffnung auf Leben gibt, sind solche Maßnahmen nicht verpflichtend, zum Beispiel jemanden zu intubieren, nur um sein Leben ein paar Tage zu verlängern.

Skorka: Der Talmud würde sagen: Lebensverlängernde Maßnahmen zu ergreifen bedeutet, dass man jemanden nicht sterben lässt. Wenn jemand lebensfähig ist, dann soll man alles tun, damit er weiterlebt. Aber wenn jemand keine Gehirnaktivitäten mehr aufweist, wenn absolut sichergestellt ist, dass im Gehirn keine Lebenszeichen mehr vorhanden sind, dann sollte man die Apparate vorsichtig abschalten. Ich bin strikt gegen lebensverlängernde Maßnahmen. Die Überlieferung, die das jüdische Recht enthält, die Halacha, sagt, dass es zulässig ist, bei jemandem, dessen Leben zu Ende geht, alles wegzulassen, was den Moment des Todes hinauszögert. Das heißt: Wenn ein Kopfkissen verhindert, dass jemand stirbt, nimm es weg; wenn er Salz unter der Zunge hat, hol es heraus. Aktive Sterbehilfe und lebensverlängernde Maßnahmen: Das sind zwei völlig unterschiedliche Dinge. Wenn man nichts mehr tun kann, darf man keine Medikamente geben, die das Leben künstlich verlängern. Ich habe größten Respekt, wenn jemand sagt, dass man alles tun muss, um die Lebenskraft zu erhalten. Aber wenn man sicher weiß, dass ein Patient so oder so sterben wird, sollte man ihn in seinen letzten Stunden nicht unnötig quälen. Es hat keinen Sinn, einem Sterbenden eine Transfusion zu verabreichen oder ihn künstlich zu beatmen, nur um ihn 24 Stunden länger am Leben zu erhalten. Wenn jemand leidet, muss man ihm ein Beruhigungsmittel geben, Medikamente, die das Atmen erleichtern, mehr nicht. Man ehrt das Leben nicht, indem man das Sterben eines Patienten unnötig hinauszögert.

Bergoglio: Der katholischen Moral nach ist niemand verpflichtet, eine außergewöhnliche Maßnahme zu nutzen, um gesund zu werden. Es geht darum, kein Leben zu erhalten, von dem man weiß, dass es bereits kein Leben mehr ist. Solange die Möglichkeit besteht, die Krankheit umzukehren, tut man alles, was man kann; außergewöhnliche Maßnahmen sollte man jedoch nur einsetzen, wenn es Hoffnung auf eine Genesung gibt.

12. ÜBER DAS ALTER

Skorka: Alt sein war noch nie einfach. Betrachten wir die biblische Geschichte von Jakob, als er vor dem Pharao steht und sagt: »Die Zahl der Jahre meiner Pilgerschaft beträgt hundertdreißig. Gering an Zahl und unglücklich waren meine Lebensjahre.«[68] Das Alter ist eine schwierige Phase, denn statt nach vorne zu blicken, beginnt man Rückschau zu halten. Gleichzeitig kann es auch ein schöner Lebensabschnitt sein, nämlich dann, wenn man intensiv gelebt und damit den Sinn des Lebens begriffen hat. Heutzutage ist das Alter ein besorgniserregendes Thema, denn in der aktuellen Gesellschaft sind alte Menschen Wegwerfware. Das moderne Leben treibt den Menschen immer mehr vor sich her, statt ihm Ruhe und Gelassenheit zu ermöglichen. Er soll nicht nur materielle Güter anhäufen, er soll auch noch Sport treiben, reisen usw. Da bleibt keine Zeit mehr, um sich um alte Menschen zu kümmern. Es geht uns ans Herz, wenn wir einen einsamen alten Menschen sehen, dessen Freunde vielleicht schon gestorben sind oder dessen Kinder sich ihm entfremdet haben, weil die kulturelle Kluft so groß geworden ist, dass kein Dialog mehr stattfindet. Ein alter Mensch ist kein Ding, ein alter Mensch ist jemand, der unseren Schutz verdient hat. Wie viele Altersheime gibt es in Buenos Aires, bei denen man sich fragt: Sind das menschenwürdige Bedingungen? Alte Menschen werden heutzutage vernachlässigt. In der Bibel steht: »Du sollst vor grauem Haar aufstehen, das Ansehen eines Greises ehren.«[69] Das Leben ist ein Kampf, und wenn jemand, der diesen Kampf mit Würde geführt hat, seine letzte Lebensphase in schrecklicher Einsamkeit verbringen muss, dann ist das sehr bitter. In medizinischer Hinsicht verdienen manche dieser Altersheime die Bestnote, aber in spiritueller Hinsicht lassen sie viel zu wünschen übrig. Ein alter Mensch braucht Liebe, Zuneigung, Gespräch.

Bergoglio: Ich möchte gern bei dem anknüpfen, was Sie zur Wegwerfware gesagt haben. In unserer Gesellschaft konnten wir früher von Unterdrückern und Unterdrückten sprechen. Mit der Zeit merkten wir, dass diese Einteilung nicht ausreichend war, man musste eine weitere hinzufügen, die von Eingeschlossenen und Ausgeschlossenen. Heutzutage ist die Lage noch viel härter geworden, und wir müssen eine weitere Antinomie hinzufügen: die, die reinpassen, und die, die zu viel sind. In dieser konsumistischen, hedonistischen, narzisstischen Zivilisation gewöhnen wir uns allmählich daran, dass es Personen gibt, die Ausschuss sind. Und dazu zählen viele Alte. Die Eltern arbeiten, und den Großvater muss man zur Versorgung in ein Altersheim geben. Aber oft geht es nicht um berufliches Eingespanntsein, sondern um reinen Egoismus: Die Alten sind im Haus lästig, sie bringen üble Gerüche mit. Schließlich verwahrt man sie im Altersheim, so wie man im Sommer den Mantel in den Kleiderschrank weghängt. Manchen Familien bleibt nichts anderes übrig, sie besuchen jedoch die Großeltern jedes Wochenende oder holen sie mit zu sich nach Hause, halten sie im Kreis ihrer Lieben. Das ist kein Ausschuss, im Gegenteil: Sie haben eine sehr fordernde Realität auf sich genommen. Doch in vielen Fällen, wenn ich beim Besuch im Altersheim die alten Leute nach ihren Kindern frage, bekomme ich zu hören, die kämen sie nicht besuchen, weil sie arbeiten müssen – die Alten versuchen auch noch, sie zu decken! Viele verlassen denjenigen, der ihnen zu essen gegeben hat, der sie erzogen hat, ihnen den Hintern sauber gemacht hat. Mich schmerzt das, es macht mich innerlich weinen. Und reden wir lieber nicht von dem, was ich verdeckte Sterbehilfe nenne: die schlechte Versorgung der alten Leute in den Krankenhäusern und in den Einrichtungen der Sozialversicherung, wo man ihnen nicht die Medikamente und die Aufmerksamkeit gibt, die sie brauchen. Der alte Mensch ist der Übermittler der Geschichte, er bringt uns die Erinnerungen, das Gedächtnis des Volkes, unseres Vaterlandes, der Familie, einer Kultur, einer Religion … Er hat viel erlebt, und selbst wenn er wie ein Einfaltspinsel gelebt hat, verdient er es, ernst genommen zu werden. Ich fand immer auffällig, dass das vierte Gebot das einzige ist, dem eine Art Versprechen beigefügt ist: »Ehre deinen Vater und deine Mutter, damit du lange lebst in dem Land, das der Herr, dein Gott, dir gibt.«[70] In dem Maß, in dem man die Eltern ehrt, wird Gott einen mit hohem Alter segnen. Das zeigt Gottes Einstellung dem Alter gegenüber. Gott muss die alten Leute sehr lieben, denn er fließt über vor Segnungen für den, der barmherzig zu seinen Eltern ist.

Mit 74 Jahren beginne ich ins Alter einzutreten, ich widersetze mich dem nicht. Ich bereite mich vor und wäre gern ein gut gereifter Wein, kein sauer gewordener Wein. Die Bitterkeit eines Alten ist schlimmer als jede andere, denn es gibt kein Zurück. Der alte Mensch wird zum Frieden gerufen, zur Ruhe. Ich bitte um diese Gnade für mich.

Skorka: Wie Sie richtig sagten: Man muss sich im Leben auf alles vorbereiten, auch auf das Alter. Mit einem alten Menschen zusammenzuleben stellt manchmal eine geistige Herausforderung dar, weil manch einer sich nicht auf diese Etappe vorbereitet hat und die Frustrationen des Lebens sich Bahn brechen. Wenn man klein ist, hat man einen Vater und eine Mutter, die einen zu erziehen versuchen und ein erstes Vorbild sind. Irgendwann muss aber der Moment kommen, da man begreift, dass dieser Vater und diese Mutter sich gewandelt haben. Glücklich sind diejenigen, deren Eltern im Alter weise geworden sind, weil dann ein wunderbarer Dialog möglich wird. Mein Vater ist so ein Fall. Wie er sich vom Leben verabschiedet hat, war für mich ein Lehrstück in Sachen Würde. Aber leider ist das nicht immer so. Manchmal entwickeln sich Menschen auch zurück, und dann steht man, steht die ganze Gesellschaft vor der Aufgabe, trotzdem eine zärtliche Verbindung aufrechtzuerhalten, eine liebevolle Präsenz. Wenn es so einfach wäre, die Eltern zu ehren, wäre ein göttliches Gebot ja nicht nötig. In unserer heutigen Gesellschaft, in der das Wegwerfprinzip vorherrscht, werden alte Menschen vernachlässigt und kapitulieren. Wenn ich sage, dass sie kapitulieren, dann meine ich, dass sie nach Sterbehilfe verlangen oder sich selbst aufgeben.

Bergoglio: Mich hat immer das Kapitel 6 des Deutero-nomium beeindruckt, meiner Seele hat der Abschnitt sehr gutgetan, in dem es heißt: »Wenn Gott dich in das Land führt, von dem du weißt: er hat deinen Vätern Abraham, Isaak und Jakob geschworen, es dir zu geben: Städte, die du nicht gebaut hast, mit Gütern gefüllte Häuser, die du nicht gefüllt hast, Weinberge und Ölbäume, die du nicht gepflanzt hast«,[71] und es spricht weiter von vielen Dingen, die man nicht getan hat und dennoch besitzt. Wenn ich ei-nen alten Menschen anblicke, heißt das annehmen, dass dieser Mensch seinen Lebensweg auf mich zugegangen ist. Es gibt einen Plan Gottes auf dem Weg mit dieser Person, der bei ihren Vorfahren begonnen hat und mit ihren Kin-dern weitergeht. Wenn wir glauben, die Geschichte begän-ne mit uns, fangen wir an, das Alter nicht zu ehren. Häufig, wenn ich ein wenig deprimiert bin, ist dieses Kapitel aus dem Deuteronomium einer der Texte, auf die ich zurück-greife, damit mir bewusst wird, dass ich ein weiteres Glied in der Kette bin, dass man die ehren soll, die uns vorange-gangen sind, und sich von denen ehren lässt, die folgen werden, denen man das Vermächtnis zu übermitteln hat. Das ist eine der stärksten Wirkungen des Alters. Der alte Mensch weiß, bewusst oder unbewusst, dass er ein Testa-ment seines Lebens hinterlassen muss. Er macht das nicht explizit, aber so lebt er es. Ich hatte das Glück, meine vier Großeltern kennenzulernen, als der erste starb, war ich 16 Jahre alt. Alle haben mir etwas gegeben, und ich erinne-re mich an alle gut und unterschiedlich. Die Weisheit des Alters hat mir sehr viel Gutes getan und daher neige ich wohl dazu, sie zu verehren.

13. Über die Frauen

Bergoglio: Im Katholizismus leiten beispielsweise viele Frauen einen Wortgottesdienst, aber das Priesteramt können sie nicht ausüben, weil im Christentum der höchste Priester Jesus ist, ein Mann. Und die theologisch begründete Tradition ist, dass das Priestertum sich über den Mann definiert. Die Frau hat im Christentum eine andere Funktion, widergespiegelt in der Gestalt Marias. Sie ist diejenige, die die Gesellschaft schützt und einhegt: die Mutter der Gemeinschaft. Die Frau hat die Gabe der Mütterlichkeit, der Zärtlichkeit; wenn all diese Reichtümer nicht integriert werden, wird eine Religionsgemeinschaft nicht nur zu einer machohaften, sondern auch zu einer kargen, harten und im schlechten Sinn sakralisierten Gesellschaft. Dass die Frau das Priesteramt nicht ausüben kann, heißt nicht, dass sie weniger wert wäre als der Mann. In unserer Auffassung steht die Jungfrau Maria sogar über den Aposteln. Einem Mönch aus dem 2. Jahrhundert zufolge gibt es unter den Christen drei weibliche Dimensionen: Maria, als Mutter des Herrn, die Kirche und die Seele. Die Präsenz des Weiblichen ist in der Kirche nicht so sehr herausgestellt worden, weil die Versuchung des Machismo keinen Raum dafür gelassen hat, den Platz sichtbar zu machen, der den Frauen in der Gemeinschaft zusteht.

Skorka: Das Christentum leitet die priesterliche Funktion aus der hebräischen Bibel ab. Dort wird das Priesteramt über die männliche Linie vererbt. Das Judentum hingegen vererbt sich über die mütterliche Linie: Wenn die Mutter Jüdin ist, ist der Sohn Jude. Traditionell wurde auch bei uns das Priesteramt von Männern ausgeübt. Doch heutzutage haben wir Lehrer,[72] die keine Priester sind. Daher kann auch eine Frau, die sich in der Tora auskennt, lehren, wie man nach jüdischem Gesetz betet.

Bergoglio: Wenn wir Christen von der Kirche sprechen, dann tun wir das in der weiblichen Form. Christus vermählt sich mit der Kirche, einer Frau. Die Stelle, an der man die meisten Angriffe erfährt, auf die am meisten eingedroschen wird, ist immer die wichtigste. Der Feind der menschlichen Natur – Satan – schlägt dorthin, wo es am meisten Erlösung, am meisten Übermittlung des Lebens gibt, und so kommt es, dass in der Geschichte die Frau – als existenzieller Ort – am meisten geschlagen wurde. Sie ist benutzt worden, man hat sie zur Geldmacherei und Sklaverei missbraucht, sie wurde in die zweite Reihe abgeschoben. Aber in der Heiligen Schrift haben wir Fälle heldenhafter Frauen, die uns übermitteln, was Gott von ihnen denkt, wie Rut, Judit … Gern hinzufügen möchte ich noch, dass der Feminismus als alleinige Philosophie denjenigen, die er zu vertreten behauptet, keinen Gefallen tut, denn er setzt sie auf eine Ebene des Kampfs um Ansprüche, und die Frau ist sehr viel mehr als das. Die Kampagne der Feministinnen aus den 1920er Jahren[73] erreichte ihr Ziel und war damit zu Ende. Aber eine andauernde feministische Philosophie gibt der Frau auch nicht die Würde, die sie verdient. Karikierend würde ich sagen, sie läuft Gefahr, ein Machismo mit Rock zu werden.

Skorka: Im Judentum der Masorti-Bewegung[74] hat sich die Rolle der Frau im Gottesdienst verändert. Rabbinerschulen in der ganzen Welt verleihen auch Frauen den Titel eines Rabbiners. Tatsächlich findet sich in den historischen Gesetzestexten kein direkter Hinweis darauf, dass Frauen nicht die Tora lehren dürfen, und somit gibt es auch keinen Grund, ihnen den Titel einer Rabbinerin zu verweigern. Wenn man aber das Bild und die Rolle der Frau sowohl in der biblischen als auch in der talmudischen Literatur betrachtet, gibt es allerdings viele Gemeinsamkeiten mit dem, was Sie gerade gesagt haben. Der Talmud enthält den Traktat über den Ehevertrag, dem gemäß eine Frau – wir sprechen hier von vor 2000 Jahren – ein Dokument besitzen sollte, damit sich der Mann nicht so leicht von ihr scheiden lassen konnte, sprich: dass ihn eine Scheidung teuer zu stehen kommen würde. Warum? Um die Frau zu schützen und ihr ein würdiges Auskommen zu sichern. In der Geschichte des jüdischen Volkes gibt es Phasen, in denen die Frau ein hohes Ansehen genoss. In der Bibel finden sich gute Beispiele: David stammt von Tamar und Rut ab, zwei Frauen, die über eine enorme Willenskraft und eine große Spiritualität verfügten. Aber es gab auch andere Zeiten, in denen Frauen bei Weitem nicht diesen Respekt genossen und ins zweite Glied geschoben wurden. Warum? Weil wir mit anderen Völkern in engem Kontakt standen und die Männerdominanz eine Grundkonstante in der Entwicklung der Menschheit ist. In vielen Kulturen besaßen und besitzen Männer mehr Macht als Frauen. Und so war auch das jüdische Volk nicht gegen diese Einflüsse gefeit und natürlich auch nicht gegen eigene Niedertracht. Noch heute gibt es jüdische Gemeinden mit strengen Regeln für den Umgang zwischen Mann und Frau. Dort ist es beispielsweise verboten, dass ein Mann einer Frau, die nicht die eigene ist, die Hand oder einen Wangenkuss gibt; oder Frauen müssen Perücken und verhüllende Kleidung tragen. Das hat etwas damit zu tun, den niederen Instinkten entgegenzuwirken. In einem orthodoxen Gotteshaus beten Frauen und Männer nicht gemeinsam, dort haben Frauen einen eigenen Gebetsraum. Jeder hat bei diesem Thema seine eigene Ansicht. Ich bin der Meinung, dass jeder mit sich selbst ausmachen muss, wie er seine Instinkte sublimiert. Wer meint, dass diese Art von Sittsamkeit ihm hilft, ein würdiges Verhalten an den Tag zu legen: bitte schön. Es besteht allerdings die Gefahr, dass ein Fehlverhalten nur kaschiert wird, nur übertüncht. Persönlich glaube ich, dass man nur über eine tiefe Innenschau zu wahrer Sittsamkeit gelangen kann; und dass eine Umarmung oder ein Wangenkuss, wenn jemand – ob Mann oder eine Frau – einen schwierigen Moment durchlebt, eine Geste der Zuneigung ist, nicht mehr.

14. Über Abtreibung

Bergoglio: Das moralische Problem der Abtreibung ist vor-religiöser Natur, denn im Moment der Empfängnis ist der genetische Code der Person vorhanden. Damit ist es schon ein Mensch. Ich trenne das Thema Abtreibung von jeglicher religiöser Auffassung. Es ist ein wissenschaftliches Problem. Nicht zuzulassen, dass die Entwicklung eines Wesens, das schon den gesamten genetischen Code eines Menschen hat, weitergeht, ist nicht ethisch. Das Recht auf Leben ist das erste Menschenrecht. Abtreiben heißt, jemanden zu töten, der sich nicht wehren kann.

Skorka: Das Problem unserer Gesellschaft heute ist, dass sie weithin den Respekt vor der Heiligkeit des Lebens verloren hat. Das fängt schon damit an, dass von Abtreibung gesprochen wird, als handelte es sich um eine Lappalie, um etwas völlig Normales. Das ist aber nicht so. Selbst im Zellstadium: Wir sprechen hier von einem menschlichen Wesen. Daher verdient das Thema eine besonders behutsame Diskussion. Stattdessen meint alle Welt, ihre Meinung kundtun zu müssen, ohne wirklich informiert zu sein. Grundsätzlich verurteilt das Judentum die Abtreibung, aber in manchen Situationen ist sie erlaubt; zum Beispiel, wenn das Leben der Mutter in Gefahr ist. Es gibt zahlreiche Fälle, in denen abgetrieben werden darf. Interessant ist aber, dass die alten jüdischen Rechtsgelehrten die Abtreibung in der Diaspora absolut verboten, nachdem sie die Gesetze der Völker studiert hatten, sozusagen das *Ius gentium* im Talmud. Meine Interpretation lautet: Weil sie wussten, was in Rom vor sich ging, wollten sie vermeiden, sich in einer Gesellschaft, in der das Leben nicht viel zählte, in eine Diskussion über die Möglichkeit einer Abtreibung einlassen zu müssen. Im Talmud wird auch das Thema Todesstrafe erschöpfend abgehandelt. Sie taucht zwar in der Tora auf, aber viele Rechtsgelehrte wollen sie so sehr eingeschränkt sehen, dass sie praktisch nicht mehr zur Anwendung kommt, während andere mit guten Argumenten eine nicht ganz so restriktive Haltung einnehmen. So wird jede Generation im Einklang mit ihrer Zeit neu bestimmen, wie dieses Thema zu handhaben ist. Und ähnlich ist es mit dem Thema Abtreibung. Natürlich lehnt das Judentum Abtreibung strikt ab, außer eben in dem eindeutigen Fall – wie auch in der Mischna erläutert –, wenn das Leben der Mutter in Gefahr ist. Dann geht ihr Leben vor. In allen anderen Fällen – Vergewaltigung, Föten mit Anenzephalie usw. – muss dieses Thema in jeder Generation neu verhandelt werden. Aber ob man nun eine besonders strenge oder eher nachgiebige Haltung einnimmt, eines muss klar sein: Heiligkeit – verstanden als Höchstmaß an Respekt und Rücksicht für das menschliche Leben in allen seinen Formen – ist dabei der wesentliche Faktor, muss die Grundlage bilden, auf der dieses Thema diskutiert und analysiert wird.

15. Über Scheidung

Bergoglio: Beim Thema Scheidung liegt die Sache anders als bei der Ehe zwischen Personen gleichen Geschlechts. Die Kirche hat das (argentinische) Scheidungsgesetz immer abgelehnt, doch es stimmt, dass es in diesem Fall unterschiedliche anthropologische Präzedenzfälle gibt. Bei dieser Gelegenheit kam es in den 1980er Jahren[75] zu einer stärker religiös geprägten Debatte, denn im Katholizismus ist die Ehe, bis dass der Tod sie scheidet, ein sehr starker Wert. Dennoch denkt man heute in der katholischen Doktrin an die geschiedenen und wiederverheirateten Gläubigen, die nicht exkommuniziert sind – wenngleich sie in einer Situation am Rande dessen leben, was die Unauflösbarkeit der Ehe und das Sakrament der Ehe verlangen –, und bittet sie, sich in das Gemeindeleben einzufügen. Die orthodoxen Kirchen haben eine noch größere Offenheit bezüglich der Scheidung. In der Debatte damals gab es Widerspruch, aber mit Abtönungen. Es gab Extrempositionen, die nicht alle teilten. Einige sagten, es sei besser, der Scheidung nicht zuzustimmen, aber es gab auch andere, die vom politischen Blickpunkt aus dialogbereiter waren.

Skorka: Im Judentum ist Scheidung offiziell erlaubt, geregelt ist sie in der Halacha, dem rabbinischen Gesetz. Natürlich ist Scheidung immer ein Drama. Aber sie ist keine Frage des Glaubens wie im Katholizismus, wo die Haltung gegenüber diesem Thema aus den Evangelien hergeleitet wird. Danach vertritt Jesus hinsichtlich der Scheidung eine strenge Position,[76] wie die Schule Schammais sie eingenommen hat, wie der Talmud bezeugt.[77] Für das Judentum gilt: Wenn ein Paar sich nicht verträgt, wenn auch mehrere Versuche, eine Versöhnung herbeizuführen, nicht gefruchtet haben, dann hilft man ihm, die Scheidung formal korrekt zu vollziehen. Ich formuliere es ganz bewusst so, weil im Judentum der Rabbiner oder das rabbinische Gericht den neuen Ehestand nicht *erklärt* oder *verfügt*, sondern nur überwacht, dass die Auflösung der Ehe im Einklang mit den Regeln erfolgt. Es ist dem Mann und der Frau selbst vorbehalten, ihren neuen Ehestand *anzunehmen* und *zu erklären*, was übrigens auch für die Eheschließung gilt. Es ist ein privater Akt des Paars, der nur deshalb von einem Kenner der Gesetze überwacht wird, damit er korrekt vonstattengeht. Daher wurde über das Thema Scheidung auch nie so heftig debattiert. Gleiches gilt für die künstliche Befruchtung. Im Judentum stellt sie kein Problem dar, weil man sie als Mittel sieht, Gott dabei zu helfen, dass eine Frau Mutter werden kann, um so dem Menschen Leid zu ersparen. Wir sind da etwas progressiver als die katholische Kirche, die bei diesen Themen eine wesentlich strengere Haltung einnimmt. Wenn diese Fragen in einer demokratischen Gesellschaft debattiert werden, sollte man auch zu einem Konsens gelangen. Gelten muss dabei vor allem, dass das Leben heilig ist, dass man nicht mit Zellen spielen darf. Darin sind sich Judentum und Christentum einig. Aber wir müssen mit denjenigen, die in dieser Hinsicht weniger strenge Maßstäbe an den Tag legen, zu einer Einigung gelangen, was bedeutet, dass beide Seiten ein Stückchen nachgeben müssen. Der Rahmen, in dem wir uns bewegen, muss sein: Das Leben ist heilig. Wie man diese Maxime auslegt, bleibt jedem selbst überlassen. Klar muss nur sein: Das Leben verdient den höchsten Respekt. Sonst kommen wir nicht voran.

16. Über die Ehe zwischen Personen gleichen Geschlechts

Skorka: Die Debatte über die gleichgeschlechtliche Ehe hatte meiner Meinung nach bisher noch nicht die Tiefe, die diesem Thema angemessen wäre. Wir müssen zunächst einmal zur Kenntnis nehmen: Es gibt viele Paare gleichen Geschlechts, die zusammenleben und für die in Fragen wie Rente, Erbschaft usw. eine gesetzliche Lösung gefunden werden muss, gerne auch in Gestalt einer neuen Rechtsform. Aber homosexuelle und heterosexuelle Paare auf eine Stufe zu stellen ist etwas völlig anderes. Dies ist keine reine Ansichtssache mehr, dies berührt den Wesenskern unserer Kultur. Es hätte noch vieler Analysen und Studien zu dem Thema bedurft. Außerdem hätte man den Glaubensgemeinschaften als kulturstiftende und kulturtragende Institutionen ein viel größeres Gewicht einräumen müssen. Und auch innerhalb der Glaubensgemeinschaften mit all ihren unterschiedlichen Tendenzen hätten mehr Debatten stattfinden müssen, um das ganze Meinungsspektrum abzubilden.

Bergoglio: Die Religion hat ein Recht, ihre Meinung zu äußern, insofern sie im Dienst der Menschen steht. Wenn jemand um einen Rat bittet, habe ich das Recht, ihm einen Rat zu erteilen. Der geistliche Amtsträger lenkt manchmal die Aufmerksamkeit auf gewisse Punkte des Privat- oder öffentlichen Lebens, denn er ist der Leiter der Gemeinde. Wozu er kein Recht hat, ist, das Privatleben von irgendwem in irgendeine Richtung zu zwingen. Wenn Gott mit der Schöpfung das Risiko einging, uns frei zu erschaffen, wer bin ich, um mich einzumischen? Wir verurteilen die geistliche Bedrängung, die stattfindet, wenn ein Priester Anweisungen, Verhaltensweisen, Forderungen derart aufzwingt, dass sie dem anderen die Freiheit nehmen. Gott ließ selbst die Freiheit zu sündigen, in unseren Händen. Man muss sehr klar von den Werten, Grenzen und Geboten sprechen, aber eine geistliche, pastorale Bedrängung ist nicht gestattet.

Skorka: Im Judentum gibt es in dieser Frage unterschiedliche Strömungen. Die Strenggläubigen haben praktisch in allen Belangen Normen aufgestellt. Sie schreiben ihren Anhängern vor, wie sie zu leben haben. Das Oberhaupt der Gemeinde sagt: »So und so ist das«, Ende der Diskussion. Es mischt sich also massiv in das Privatleben der Menschen ein. Bei anderen Strömungen hat sich der Rabbiner auf die Rolle des Lehrers zu beschränken. Ich sage: »Das Gesetz sagt dieses oder jenes. Versuche dich an den Weg zu halten, den die Tradition vorgibt.« Aber mehr nicht. Im Talmud[78] gibt es eine Debatte darüber, ob es genügt, Menschen dazu anzuhalten, gewisse Normen zu befolgen, oder ob man diese Normen auch durchsetzen muss.

Meiner Meinung nach sollte man sie nur dazu anhalten, nicht zwingen: wie ein Vater, der mit seinem Verhalten seinem Kind ein Vorbild ist und paradoxerweise genau damit erreicht, was er erreichen will. Er setzt sich durch, aber eben ohne Zwang. Um zum Thema zurückzukehren: Das jüdische Gesetz verbietet sexuelle Beziehungen zwischen Männern. In der Bibel steht: »Du darfst nicht mit einem Mann schlafen, wie man mit einer Frau schläft. Das wäre ein Gräuel.«[79] Daraus leitet sich eine ganze Haltung ab. Das Ideal des Menschen ist seit der Genesis die Verbindung zwischen einem Mann und einer Frau. Da ist das jüdische Gesetz ganz klar: Homosexualität darf es nicht geben. Andererseits respektiere ich jeden, der sich anders verhält, vorausgesetzt, er lebt es im Privaten aus. Was das neue Gesetz in Argentinien angeht:[80] Das will mir schon aus anthropologischen Gründen nicht einleuchten. Ich habe dafür extra Freud und Lévi-Strauss wiedergelesen, zum Thema kulturstiftende Elemente wie Inzestverbot und Sexualethik. Dabei ist mir aufgefallen, welchen Wert sie beidem als Triebkraft für den Prozess der Zivilisation beimessen. Folglich ist mir bei dem Gedanken, welche Veränderungen das neue Gesetz im Herzen unserer Gesellschaft bewirken könnte, äußerst mulmig.

Bergoglio: Ich bin exakt derselben Meinung. Als Definition würde ich den Ausdruck »anthropologischer Rückschritt« verwenden, denn es hieße eine jahrtausendealte Institution schwächen, die in Übereinstimmung mit der Natur und der Anthropologie herausgebildet wurde. Vor 50 Jahren war das Konkubinat, das Zusammenleben Unverheirateter, gesellschaftlich nicht so normal wie heute.

Es war sogar ein klar abwertender Begriff. Später hat sich das allmählich verändert. Heute hat das Zusammenleben vor der Heirat, auch wenn es vom religiösen Blickpunkt her nicht korrekt ist, nicht mehr das gesellschaftlich pejorative Gewicht von vor 50 Jahren. Es ist eine soziologische Tatsache, die gewiss weder die Fülle noch die Größe der Ehe hat, einem jahrtausendealten Wert, der verdient, verteidigt zu werden. Deshalb warnen wir vor ihrer möglichen Entwertung, und bevor man eine Rechtsprechung abändert, muss man sehr gut über all das nachdenken, was aufs Spiel gesetzt wird. Für uns ist ebenfalls wichtig, worauf Sie gerade hingewiesen haben: die Grundlage des in der Bibel auftauchenden Naturrechts, wo von der Vereinigung von Mann und Frau die Rede ist. Es hat immer Homosexuelle gegeben. Die Insel Lesbos war bekannt, weil dort homosexuelle Frauen lebten. Doch in der Geschichte hat es nie einen Versuch gegeben, dem denselben Stellenwert wie der Ehe zu geben. Ob man es tolerierte oder nicht, ob man es bewunderte oder nicht: Man hat es nie gleichgestellt. Wir wissen, dass in Momenten epochaler Veränderungen das Phänomen der Homosexualität anstieg. Aber in dieser Epoche wird zum ersten Mal die juristische Frage aufgeworfen, diese Art der Beziehung der Ehe anzugleichen, was ich als eine Abwertung und einen anthropologischen Rückschritt ansehe. Ich sage das, weil es über die Frage der Religion hinausgeht, es ist anthropologisch. Wenn es eine Verbindung privater Natur ist, sind kein Dritter oder eine Gesellschaft davon betroffen. Wenn man dem aber nun die Kategorie der Ehe verleiht und sie damit zur Adoption berechtigt, könnte es betroffene Kinder geben. Jeder Mensch braucht einen männlichen Vater und eine weibliche Mutter, die ihm helfen, seine Identität auszubilden.

Skorka: Als unter der Präsidentschaft von Raúl Alfonsín[81] die religiöse und die standesamtliche Trauung voneinander getrennt wurden, hat mir das sofort eingeleuchtet. Früher musste uns ein Paar einen Trauschein vorlegen, damit wir es verheiraten durften. Die Verquickung von Staat und Religion schien mir mit einer demokratischen Gesellschaft nicht vereinbar. Jedenfalls ist es mir wesentlich lieber, wenn diese beiden Welten getrennt sind. Allerdings: Wenn Gesetze beschlossen werden, die sensible Themen der menschlichen Existenz berühren, muss ein viel intensiverer und tieferer Dialog mit den Glaubensgemeinschaften geführt werden, als es bisher der Fall war.

Bergoglio: Ich sage es noch einmal, unsere Meinung über die Heirat zwischen Personen des gleichen Geschlechts hat keine religiöse, sondern eine anthropologische Grundlage. Als der Bürgermeister von Buenos Aires, Mauricio Macri, keine Berufung gegen das Urteil einer Richterin der ersten Instanz einlegte, die die Hochzeit genehmigt hatte, war mein Gefühl, dass ich etwas zu sagen hatte, um Orientierung zu geben; ich fühlte mich verpflichtet, meine Meinung zum Ausdruck zu bringen. Es war das erste Mal in 18 Jahren als Bischof, dass ich mit dem Finger auf einen Staatsdiener zeigte. Wenn man sich die beiden von mir formulierten Erklärungen ansieht, habe ich in keinem Moment von Homosexuellen gesprochen oder mich in irgendeiner Weise abschätzig ihnen gegenüber geäußert. Die erste Erklärung drückte Besorgnis über das Urteil der Richterin aus, weil es eine gewisse Missachtung des Gesetzes erkennen ließ, da ein Richter der ersten Instanz das Zivilgesetzbuch nicht anrühren darf, diese Richterin das aber tat. Außerdem gab ich zu bedenken, dass ein Bürgermeister, immerhin Wächter der Legalität, untersagt hat, gegen dieses Urteil Berufung einzulegen. Macri sagte mir, das sei seine Überzeugung; die respektiere ich als solche, aber ein Bürgermeister darf seine persönlichen Überzeugungen nicht aufs Gesetz übertragen. In keinem Moment habe ich geringschätzig von den Homosexuellen gesprochen, wohl aber habe ich mich eingeschaltet, um auf eine rechtliche Fragestellung hinzuweisen.

Skorka: In einer Demokratie muss zu allen strittigen Themen eine ehrliche, tiefschürfende und respektvolle Debatte geführt werden, und zwar über die Kanäle, die dafür vorgesehen sind. Wenn alle Seiten gehört wurden, muss man nach Gemeinsamkeiten suchen, um am Ende zu einem Kompromiss zu gelangen, mit dem sich alle Seiten arrangieren können. Bevor dieses Gesetz verabschiedet wurde, gab es Stimmen, die sich auf das »Naturrecht« beriefen, als wären der Natur Normen immanent, die das menschliche Handeln regulieren, und als hätte Gott der Schöpfung diese Regeln eingeschrieben. Ein Homosexueller könnte mit gutem Recht argumentieren, dass Gott oder die Natur ihn so gemacht haben, wie er ist. Andere wiederum führten an, die Liebe von Homosexuellen sei vielschichtiger, weil sie sowohl die weibliche als auch die männliche Seite kenne. Dies mag ja sein, aber das heißt noch lange nicht, dass dies der beste Nährboden für eine Familie sein muss. Wir wissen doch, wie wichtig es für Kinder ist, dass sie eine männliche und eine weibliche Bezugsperson haben, und welche

Probleme es mit sich bringt, wenn diese beiden Figuren miteinander in Konflikt geraten.

Bergoglio: Es wird häufig argumentiert, ein Kind werde besser von einem Paar aus Personen des gleichen Geschlechts aufgezogen als in einem Waisenhaus oder einer Einrichtung. Beide Situationen sind nicht optimal. Das Problem ist, dass der Staat seine Pflicht nicht tut. Man muss sich die Fälle der Kinder anschauen, die in gewissen Einrichtungen leben, wo eines nicht geschieht: sie zur Normalität zurückzuführen. Es müsste NGOs, Kirchen, andere Arten von Organisationen geben, die sich um sie kümmern. Auch die Adoptionsformalitäten, die ewig dauern, müssten vereinfacht werden, damit diese Kinder ein Zuhause haben können. Aber das Versäumnis des Staats rechtfertigt kein weiteres Versäumnis des Staates. Man muss das Thema in der Tiefe angehen. Eher als ein Ehegesetz zu erlassen, das Personen des gleichen Geschlechts die Möglichkeit der Adoption gibt, sollte man das Adoptionsrecht verbessern, das übermäßig bürokratisch ist und in seiner aktuellen Umsetzung der Korruption Vorschub leistet.

Skorka: Ja, das Adoptionsrecht muss dringend verbessert werden. Auch die Rechtsgelehrten des Talmud weisen darauf hin, wie eminent wichtig es ist, dass Waisenkinder Adoptiveltern finden.[82] Das Gesetz muss vor allem garantieren, dass eine Adoption nach Prüfung der Sachlage schnell und effizient vonstattengeht. Aber zurück zum Thema Ehe. Wir dürfen eine Dimension nicht außer Acht lassen: die Liebe. Nicht umsonst wird in der Bibel das Gleichnis der Verliebten benutzt, um den letzten Schritt auf der Suche nach Gott zu veranschaulichen. Selbst ein rationaler

Geist wie Maimonides, ein Aristoteles des 12. Jahrhunderts, definiert die Liebe zwischen Gott und den Menschen in Begriffen der Liebe zwischen Mann und Frau. Ein Homosexueller liebt jemanden, den er kennt, der ihm gleich ist. Einen Mann zu kennen fällt einem Mann nicht schwer. Eine Frau zu kennen stellt da schon eine ganz andere Herausforderung dar, denn eine Frau muss enträtselt werden. Ein Mann weiß ganz genau, was ein anderer Mann fühlt, oder eine Frau, was im Körper und im Geist einer anderen Frau vor sich geht. Den anderen entdecken zu müssen ist hingegen eine große Herausforderung.

Bergoglio: Teil des großen Abenteuers ist, wie Sie sagen, sich gegenseitig zu entschlüsseln. Ein Geistlicher sagte einmal, Gott habe uns als Mann und Frau geschaffen, damit wir uns lieben und formen. In der Hochzeitspredigt sage ich gewöhnlich dem Bräutigam, er solle seine Braut mehr zur Frau machen, und der Braut, sie solle ihren Bräutigam mehr zum Mann machen.

17. ÜBER DIE WISSENSCHAFT

Skorka: Selbst für die Aufklärung war die Religion ein Ort der Verbreitung von Kultur. Alles Wissen jener Zeit war eng verknüpft mit der Religion. Deshalb gab es auch so viele Rabbiner und Mönche, die sich den verschiedensten Wissenschaften widmeten. Maimonides, Kopernikus und Mendel sind späte Beispiele dieser langen Tradition. Die Kopisten waren meist Mönche. Im Talmud finden sich unzählige soziologische, anthropologische und medizinische Erkenntnisse. Die Religion war der Kanal, über den die Kultur verbreitet wurde. Sie wachte über die Reinheit der Sprache, und sie gab Antworten auf die grundlegenden Fragen: Was ist der Mensch? Was ist die Natur? Was ist Gott? Auch heute noch kommt man auf die Religion zurück, wenn sich die großen Fragen stellen. In Sachen Organtransplantation zum Beispiel musste neu festgelegt werden, wann ein Mensch tot ist. Jahrhundertelang galt ein Mensch dann als tot, wenn kein Herzschlag und keine Atmung mehr festgestellt werden konnten. Als man die Rabbiner befragte, ob man jemandem ein noch schlagendes Herz entnehmen dürfe, um ein anderes Leben zu retten, stellte sich heraus, dass der Talmud die Idee des Gehirntods kennt. »Wie visionär!«, könnte man rufen. Heute wird darüber diskutiert, wann genau das Leben eines Menschen beginnt. Muss man ein befruchtetes Ei in den ersten Stadien seiner Entwicklung bereits als Menschen betrachten? Würde man den Talmud befragen, bekäme man zur Antwort, dass dieses Ei bereits eine Seele besitzt, den Hauch des Göttlichen. Die Wissenschaft erklärt, dass eine Zygote bereits die gesamte genetische Information enthält, aus der ein neues Wesen entstehen wird. Reicht dies als Argument aus, um diese Zelle als menschliches Wesen zu betrachten? Wenn die Wissenschaft an ihre Grenzen gerät, besinnt sich der Mensch auf das Spirituelle, auf die existenzielle Erfahrung vergangener Jahrhunderte. Wissenschaft und Religion müssen einen Dialog führen, denn ein Wissenschaftler, der die Religion unter Berufung auf sein Wissen ablehnt, ist genauso töricht wie ein Gläubiger, der die Wissenschaft unter Berufung auf seinen Glauben ablehnt. Nur ein Dialog, der mit der Erkenntnis der eigenen Grenzen beginnt, ermöglicht eine Diskussion, die die Menschheit auf ihrer Suche nach einer fundierten Ethik voranbringt.

Bergoglio: Das stimmt. Auf der einen Seite steht, wie Sie gesagt haben, all das, was Sie bezüglich der Bildung erwähnt haben, die ganze Weisheit der Jahrhunderte, angesammelt durch Reflexion, die Tora, die Evangelien. Und das wird der Menschheit dargeboten. Was noch interessant ist: Die religiöse Wahrheit verändert sich nicht, jedoch entwickelt sie sich und wächst allmählich. Wie im menschlichen Organismus, vom Baby bis zum alten Menschen ist es ein und derselbe, doch dazwischen liegt ein ganzer Weg.

Auf diese Weise erklärt sich, wieso etwas früher als natürlich angesehen wurde und heute nicht mehr. Ein Beispiel ist die Todesstrafe, die früher zum üblichen, vom Christentum akzeptierten Strafenkatalog gehörte. Doch heute hat sich das Moralbewusstsein sehr verfeinert, und im Katechismus heißt es, besser gebe es sie nicht.[83] Allmählich verfeinert sich das Bewusstsein des Menschen bezüglich des moralischen Mandats, und auch das intellektuelle Verständnis des Glaubens wächst. Dasselbe geschah mit der Sklaverei: Heute würde es niemandem einfallen, einen Haufen Menschen in ein Schiff zu packen und auf die andere Seite des Ozeans zu verschiffen. Es stimmt, dass es heute andere Arten der Sklaverei gibt, wie im Fall der Frauen aus der Dominikanischen Republik, die hergebracht und zur Prostitution gezwungen werden, oder die Bolivianer ohne Papiere, die zum Arbeiten kommen und genötigt werden, dies zu unmenschlichen Bedingungen zu tun.

Skorka: Wenn religiöse Institutionen sich irrten, bekannten sie sich meist dazu; manchmal aber verschwiegen sie es auch oder gestanden es nur zähneknirschend ein. Bis heute ist der Prozess gegen Galileo der Kirche ein Stachel im Fleisch. So wie ein religiöser Mensch, der seine persönliche Deutung der biblischen Schriften zu wissenschaftlichen Wahrheiten erhebt, töricht agiert, so erweist sich auch ein Wissenschaftler, der seine Erkenntnisse für unantastbar und heilig hält, als intellektuell verblendet. Die Wissenschaft bringt ständig neue Erkenntnisse hervor, es ist geradezu ein Wesenszug der Wissenschaft, unablässig nach einer neuen, noch umfassenderen Theorie zu suchen, die die alte übertrifft. Wie Sie schon sagten, gibt es auch im Spirituellen, obwohl sein Wesenskern unberührt bleibt, einen Fortschritt. Genau hier muss der Dialog zwischen Religion und Wissenschaft ansetzen, denn die eine nimmt der anderen nichts weg. Wenn die Wissenschaft keine Antworten weiß, tauchen intuitive Antworten auf, die zu spirituellen Antworten werden, weil sie einem spirituellen Prozess entspringen, der nun mal anders ist als induktives oder deduktives Denken. Wissenschaft hat ihre Grenzen, das dürfen wir nie vergessen. Die Wissenschaft sucht nicht nach dem Warum, sondern beantwortet nur das Wie. Das letzte Wesen der Dinge kennen wir nicht. Um hier Antworten zu erhalten, greifen wir auf die spirituelle Intuition zurück. Der – in Anführungszeichen – Vorteil der Wissenschaft gegenüber der Religion besteht darin, dass der Wissenschaftler hinterher ins Labor gehen und seine Hypothese überprüfen kann. Wobei es auch Wissenschaften gibt, die keine direkte Verifizierungsmethode besitzen wie zum Beispiel die Psychologie.

Bergoglio: Die Wissenschaft hat ihre Autonomie, die geachtet und ermutigt werden sollte. Man soll sich in die Autonomie der Wissenschaftler nicht einmischen. Es sei denn, sie übertreten die Grenzen ihres Fachbereichs und mischen sich in transzendentale Fragen. Die Wissenschaft ist im Wesentlichen ein Instrument des Auftrags Gottes, der besagt: »Seid fruchtbar und vermehrt euch, bevölkert die Erde und unterwerft sie euch.«[84] Innerhalb ihrer Autonomie transformiert die Wissenschaft Natur zu Kultur. Doch Vorsicht, wenn die Autonomie der Wissenschaft sich nicht selbst Grenzen setzt und darüber hinausgeht, kann ihr ihre eigene Schöpfung entgleiten. Das ist der Mythos von Frankenstein. Es erinnert mich an einen Comicstrip mit dem Titel »Die Mutanten«, den ich als Junge in der Zeitschrift *El Tony* las. Durch einen Exzess der Wissenschaft fingen die Menschen an, sich in Dinge zu verwandeln. Ein klares Beispiel für diese Grenzüberschreitungen ist auch die Beherrschung der Atomenergie, die die Menschheit zerstören kann. Wenn der Mensch hochmütig wird, erschafft er ein Monstrum, das ihm entgleitet. Es ist wichtig für die Wissenschaft, sich eine Grenze zu setzen, um sagen zu können: »Von hier an schaffe ich keine Kultur mehr, sondern es ist eine andere Form der Kulturlosigkeit, die zerstörerisch ist.«

Skorka: Genau dies lehrt uns auch die Geschichte vom Golem. In Prag schuf ein Rabbi eine Puppe, einen Automaten, der die Juden gegen antisemitische Angriffe verteidigen sollte. Auf die Stirn schrieb er ihm das Wort *emet*[85], und unter die Zunge legte er einen Zettel mit dem Tetragramm Gottes. Dann befahl er dem Golem, ihm zu dienen. In einer Version der Legende heißt es, an einem Freitag, dem Tag vor dem Sabbat, habe sich die Puppe verselbstständigt und sei gewalttätig geworden. Da wischte der Rabbi ihm den ersten Buchstaben des Wortes *emet* von der Stirn, sodass nur noch *met* dastand, das Wort für Tod. Außerdem nahm er ihm den Zettel aus dem Mund. Da wurde der Golem wieder zu dem, was er war: zu Lehm. Die Geschichte vom Golem ist ein Beispiel dafür, was passiert, wenn der Mensch das, was er mit seinem Verstand geschaffen hat, nicht mehr beherrscht, wenn es ihm entgleitet.

18. Über Schule und Erziehung

Skorka: Religion ist eine Weltanschauung. Und Erziehung heißt, eine Weltanschauung weiterzugeben. Religion und Erziehung sind also eng miteinander verknüpft. Wenn wir betrachten, wie sich unterschiedliche Kulturen herausbilden, sehen wir zweierlei: Zum einen ist da der technische Fortschritt; zum anderen das Entstehen von Werten, die das Zusammenleben der jeweiligen Völker bestimmen. Kultur ist im Grunde genommen die Antwort auf drei Fragen: Was ist der Mensch? Was ist die Natur? Was ist Gott? Daher müssen diese Fragen und die Antworten, die Religionen darauf geben, unbedingt auf dem Lehrplan stehen. Jemand könnte einwenden, dass in einer Demokratie das ganze Spektrum gelehrt werden muss, nicht nur ein Teil. Richtig, deshalb bin ich auch nicht einverstanden mit der Art von Religionsunterricht, wie er früher an öffentlichen Schulen abgehalten wurde.

Bergoglio: Ich bin auch nicht mit einem Religionsunterricht einverstanden, der eine Diskriminierung der Nicht-Katholiken vorsieht. Hingegen glaube ich wohl, dass Religion zum Unterrichtsstoff in der Schule gehören sollte, als ein weiteres Element in der in den Klassenzimmern angebotenen Bandbreite. Mir kommt es diskriminierend vor, dass nicht von Religion gesprochen wird, dass die religiöse Sicht auf das Leben und die geschichtlichen Ereignisse nicht unterrichtet wird, wie man es mit anderen Fächern macht.

Skorka: Ich bin ganz Ihrer Meinung. Wenn man der Religion die Möglichkeit nimmt, bei der Erziehung eine Rolle zu spielen, dann nimmt man ihr sehr viel. Natürlich ist die religiöse Unterweisung im Detail eine Sache der Pfarrei oder Gemeinde. Das Judentum beruht auf der Annahme – die später auch der Islam und das Christentum entwickelt haben –, dass der Mensch die Krone der Schöpfung ist, weil er das einzige Wesen ist, das sich über seine Instinkte erheben kann. Und hier liegt auch die Aufgabe des Religionsunterrichts: immer wieder auf diese herausragende Fähigkeit des Menschen hinzuweisen. Das öffentliche Schulsystem braucht den Religionsunterricht, denn die Vermittlung von Werten ist seine dringlichste Aufgabe. Da, wo Gott ins Spiel kommt, rückt der Mensch aus dem Zentrum heraus. Wenn Gott keine Rolle spielt, gelangen die Kinder zu dem Schluss, dass der Mensch das Maß aller Dinge ist. Sobald die Religion eingeführt ist, kann man viele Themen ganz anders beleuchten. Was ist die Sexualerziehung? Nur die Information über anatomische und physiologische Gegebenheiten? Oder sollen im Wesentlichen Werte vermittelt werden? Natürlich müssen die Schüler wissen, was anatomisch und physiologisch geschieht, aber dieses Wissen muss immer mit Werten einhergehen, anhand derer sie entscheiden können, was sie mit ihrer Sexualität anfangen wollen. Sexualität sollte immer ein Ausdruck tiefer Liebe sein. Ich hätte gern, dass Schüler bei diesem Thema erfahren, was das Judentum zu sagen hat. Oder das Christentum. Oder der Islam. Dass sie lernen, was diese Religionen gemeinsam haben. Wenn wir das Feld der Erziehung kampflos räumen, geben wir unser Wesen auf. Wir würden zulassen, dass das Leben im Hier und Jetzt die Oberhand gewinnt. Die Idee der Transzendenz ist für unsere Religionen grundlegend. Sie bedeutet, dass das, was wir heute tun, eine Auswirkung auf die Zukunft hat. Diese Botschaft müssen wir vermitteln, gerade in der heutigen, vom Konsumdenken geprägten Zeit.

Bergoglio: In der Bibel zeigt Gott sich als Erzieher. »Ich habe dich auf dem Rücken getragen, ich habe dir Laufen beigebracht«, sagt er. Es ist die Verpflichtung des Gläubigen, seine Nachkommen beim Großwerden zu unterstützen. Jeder Mann und jede Frau haben das Recht, ihre Kinder in ihren religiösen Werten zu erziehen. Ein Eingreifen des Staates, um diese Ausbildung zu unterbinden, kann zu Fällen wie dem Nationalsozialismus führen, wo die Kinder mit Werten indoktriniert wurden, die denen ihrer Eltern fern waren. Totalitäre Systeme neigen dazu, die Erziehung an sich zu reißen, um das Wasser auf ihre eigenen Mühlen zu leiten.

Skorka: Eine Botschaft übermittelt man dem Kind ja immer: durch das, was man sagt oder tut, oder das, was man nicht sagt oder nicht tut. Eine Botschaft ist immer da. Warum sollten wir darauf verzichten, unsere weiterzugeben? Die Religion ist ein Angebot an den Menschen, der den Sinn seiner Existenz sucht. Ein Philosoph, der seine Wahrheit gefunden hat, will sie ja auch lehren und mit anderen teilen. Eine Botschaft muss ich allen mitteilen dürfen: Manche hören sie dann, andere nicht. Trotzdem muss ich sie verkünden. Diese Frage ist für alle Religionen entscheidend, sonst ist es irgendwann vorbei mit religiösen Institutionen. Dabei muss man eines klar sehen: Religion, das heißt nicht nur – weder im Judentum noch im Christentum –, dass man ins Gotteshaus geht, zu Gott betet, und damit hat es sich. Der Weg zu Gott führt über den Nächsten. Ein religiöser Mensch muss sein Leben an Werten orientieren, die seinen Glauben an eine transzendente Wirklichkeit widerspiegeln. Genau das ist die Botschaft, die man Schülern übermitteln sollte, damit sie entwickelt und zum Teil ihrer Erziehung werden kann. In den jüdischen Gesetzestexten ist außerdem das Gebot, die Eltern zu ehren, eng verknüpft mit dem, den Meister zu ehren. Judentum, das ist im Wesentlichen Erziehung. Immer wird etwas weitergegeben. Denken wir nur an den Begriff »Rabbiner«, der ja nichts anderes bedeutet als »Lehrer«.

Bergoglio: Die Schule erzieht zum Transzendenten hin, genau wie die Religion. Doch im Bereich der Schule die Tore nicht für die religiöse Weltsicht zu öffnen, heißt die harmonische Entwicklung eines Kindes zu schädigen. Denn sie trägt zu seiner Identität bei, indem sie dieselben Werte übermittelt, die der Vater hat und die in das Kind hineingelegt werden. Man raubt ihm das kulturelle und religiöse Erbe. Wenn man der Erziehung die Tradition der Eltern nimmt, bleibt nur Ideologie. Man sieht nicht mit unbefangenen Augen auf das Leben, und auch in der Erziehung gibt es keine aseptische Hermeneutik. Die Worte sind mit Geschichte, mit Lebenserfahrungen getränkt. Lässt man eine Leerstelle, wird sie von Vorstellungen fern der Familientradition besetzt; so entsteht Ideologie. Ich erinnere mich, dass es an der Handelsschule einen kommunistischen Lehrer gab. Wir hatten einen tollen Draht zu ihm, er stritt mit uns über alles und das tat uns sehr gut. Aber er log uns nie an, er sagte immer, von wo aus er mit uns sprach, was seine Hermeneutik und seine Weltsicht waren.

Skorka: Ich konnte in meiner Schulzeit mit den wenigsten Lehrern über das Leben sprechen. Die meisten ließen dafür schlicht keinen Raum. Aber wir Schüler haben uns trotzdem gefragt: Was denkt dieser Mann, der mir Physik oder Chemie beibringt, über das Leben? Erziehung darf nichts Unpersönliches sein, es muss immer ein Dialog stattfinden. Bei uns hatte der Unterricht etwas Mechanisches. Man hat uns euklidische Geometrie beigebracht, aber nichts über die verschiedenen Weltanschauungen. Der Stoff wurde kalt präsentiert, ohne Botschaft, ohne Menschlichkeit. Man sollte einen Konsens anstreben, bei dem alle Sichtweisen respektiert werden, aber immer auf der Basis der Transzendenz des Menschen, Transzendenz in einem weit gefassten Sinn. Lehrer halten sich oft strikt an den Stoff, öffnen ihr Herz nicht. Wir wollen nicht, dass Religion einengt, aber wir wollen auch nicht das Gegenteil.

Bergoglio: Es gibt einen Unterschied, ob man ein Lehrer oder ein Meister ist. Der Lehrer unterrichtet einfach nur sein Fach, während der Meister, der wahre Lehrer, sich selber einbringt. Er ist zutiefst an seinem Unterricht beteiligt. Seine Lehre und sein Leben stimmen überein. Er gibt nicht bloß den Stoff der Wissenschaft wieder, wie es der Lehrer tut. Man muss den Männern und Frauen helfen, damit sie mit ihrem eigenen Beispiel lehren und Meister werden können. Das ist der Schlüssel zur Erziehung.

19. Über Politik und Macht

Bergoglio: Die katholische Kirche spielte im Prozess der Gewinnung der nationalen Unabhängigkeit Argentiniens von 1810 bis 1816 eine bedeutsame Rolle, einschließlich der Kleriker in der Ersten Junta, auf dem Kongress in San Miguel de Tucumán, in der Abgeordnetenversammlung von 1813. Die Kirche war da, als es galt, gemeinsam mit einem größtenteils katholischen, evangelisierten, katechisierten Volk das Vaterland zu formen. Durch die Öffnung des Vaterlandes für die Einwandererströme kamen Gemeinschaften anderer Glaubensbekenntnisse wie Juden und Moslems. Durch diese stattfindende kulturelle und spirituelle Mischung bildete sich eine argentinische Tugend heraus: Man lebte hier wie Brüder, jenseits dessen, dass es immer irgendeinen Spinner gab, der Knallkörper abfeuerte, irgendeinen Extremisten. Ein Symbol für diese Brüderschaft ist die Stadt Oberá, die Hauptstadt des Mestizentums. Dort gibt es 60 Gotteshäuser, von denen nur eine Minderheit katholisch ist. Die Übrigen gehören anderen Konfessionen an: Protestanten, Orthodoxen, Juden. Und alle leben sehr gut, sehr zufrieden. Ein weiteres Beispiel ist

William C. Morris, ein Anglikaner des evangelikalen Flügels, der im Bereich der argentinischen Erziehung Schule machte. Das Vaterland entstand nicht am Rande der Religion, es wuchs in ihrem Licht.

Skorka: Zweifellos hat die Religion bei der Entstehung der argentinischen Nation eine große Rolle gespielt, vor allem der Katholizismus. Später kamen weitere Religionen hinzu und leisteten einen großen Beitrag zur nationalen Kultur. In der Zeit der Unabhängigkeitsbewegungen fanden große Debatten statt: Kirchenleute diskutierten mit Aufklärern – der anderen, von den Ideen der Französischen Revolution geprägten Strömung, die die Unabhängigkeit anstrebte –, inwieweit die Religion sich in Fragen des Staates einmischen dürfe. Ich bin mir heute nicht mehr so sicher, ob alle, die damals »Nein« zur Kirche sagten, tatsächlich nicht religiös waren. Man darf nämlich nicht die Institution, die aus der Religion hervorgeht, mit dem Wesen der Religion verwechseln. Die Spannung zwischen Aufklärung – Freiheit, Gleichheit, Brüderlichkeit – und Religion erwies sich als sehr fruchtbar, denn sie zwang beide Parteien dazu, ihre Haltung zu überdenken. Solange die Debatte sachlich und ehrlich geführt wurde, war sie positiv. Schauen wir uns an, was heute in Argentinien passiert: In Zeiten der Krise sucht die Gesellschaft Halt in der Religion. Als es 2001 zum Staatsbankrott kam, wurde ein Runder Tisch gebildet. Die Politik war gescheitert, also rief man nach der Religion, um aus dieser schwierigen Situation wieder herauszufinden. *Iglesia*, das spanische Wort für Kirche, kommt von griechisch *ekklēsía*, Versammlung, und *beith hakneset* – das hebräische Wort für Synagoge – ist das Haus der Versammlung. Das heißt, es ist nicht nur der Ort, an dem man Gott sucht, sondern an dem auch Debatten geführt werden über alle Fragen, die den Menschen betreffen. Wie in der Vergangenheit, in der Zeit der Propheten, müssen die Religionen auch heute zu den sozialen Problemen Stellung beziehen. Das heißt allerdings nicht, dass Religionen politisch Partei ergreifen sollen. Oder wie denken Sie darüber? Sie hatten ja in Ihrem Klerus den Fall Joaquín Piña.[86]

Bergoglio: Piña hat erklärt, das sei kein politisches Ereignis gewesen, es sei um einen Volksentscheid gegangen, aber nicht um ein Wahlamt. Er stellte sich für die Abstimmung zur Verfügung, um zu sehen, ob die Verfassungsreform durchgeführt werden würde oder nicht. Dem entsprechend trat er zurück und ging, sobald er seine Pflicht für erfüllt hielt.

Skorka: Meiner Meinung nach sollte sich ein Religionsvertreter nicht direkt politisch betätigen, außer in ganz bestimmten Fällen wie zum Beispiel Marshall Meyer, als er sich für die Verteidigung der Menschenrechte in Argentinien einsetzte. Aber auch Meyer betonte, dass es sich um eine klar begrenzte Ausnahme handelte, dass er nie Abgeordneter oder Senator werden wollte. Er hat dann noch unter Raúl Alfonsín mitgeholfen, das Land zurück zur Demokratie zu führen. Aber er hat nie ein politisches Amt angenommen. Man muss in dieser Hinsicht sehr vorsichtig sein und darf die religiöse Tribüne nicht benutzen, um politische Interessen zu befriedigen.

Bergoglio: Wir sind alle politische Lebewesen, im Sinn der Politik im Großen. Wir sind alle zu politischem Handeln zum Aufbau unseres Volkes aufgerufen. Das Predigen über menschliche und religiöse Werte hat eine politische Konnotation, ob wir das mögen oder nicht. Die Herausforderung für den Prediger liegt darin, diese Werte hervorzuheben, ohne sich in das Klein-Klein der Parteipolitik einzumischen. Als ich am Jahrestag des Cromañón-Unglücks[87] sagte, Buenos Aires sei eine eitle, leichtfertige und korrupte Stadt, verlangte jemand, ich solle konkrete Namen nennen, aber ich sprach damals von der gesamten Stadt. Wir alle haben die Tendenz, bestechlich zu sein. Wenn ein Polizist einen Autofahrer wegen Tempoüberschreitung anhält, ist als erster Satz wahrscheinlich zu hören: »Wie regeln wir das?« Das steckt in uns, wir müssen gegen diese Tendenz zur Vetternwirtschaft, zum Deal, zum Setz-mich-zuerst-auf-die-Liste ankämpfen. Wir haben eine Schmiergeld-Mentalität. In dieser Predigt sprach ich von einem Fehler der Stadt, ich machte keine Parteipolitik. Das Problem liegt in Wahrheit bei den Medien, die das, was man sagt, manchmal auf das reduzieren, was gerade angesagt ist. Heute bastelt sich jeder aus zwei oder drei Daten etwas anderes: Die Medien desinformieren. Was man auf der Kanzel sagt, bezieht sich auf die Politik im Großen, auf die der Werte; doch die Medien reißen es häufig aus dem Kontext und schlachten es aus zum Nutzen der kleinen Politik. Ich erinnere mich, dass Sie nach einem *Te Deum* einmal zu mir sagten: »Wie mutig!« Mir schien es ganz normal, was ich gesagt hatte, doch Sie hatten schon die Übersetzung im Blick, die die Medien von meinen Aussagen machen würden. Am nächsten Tag gaben die Zeitungen meinen Worten die verschiedensten Interpretationen gegen einige Politiker, doch als ich von den Machthabern sprach, benutzte ich ein einschließendes Wir.

Skorka: Ich erinnere mich noch gut an diese Predigt. Gehalten haben Sie sie an einem 25. Mai, dem Nationalfeiertag.[88] Sie hatte zur Folge, dass das *Te Deum* nicht mehr in der Kathedrale von Buenos Aires abgehalten wird. Leider informieren die Medien die Menschen nicht richtig über das, was Religionsvertreter sagen, denen es immer nur um die Vermittlung von Werten geht. Ein Religionsvertreter lässt sich nicht vor einen parteipolitischen Karren spannen, sondern will in die Zukunft hineinwirken. Oder um es mit den Propheten zu sagen, die sehr anspruchsvoll waren: Solange auch nur ein Mensch hungern muss, ist die Welt nicht gut. In diesem Sinne muss man auch eine Moralpredigt betrachten. Man muss jedes einzelne Wort unter die Lupe nehmen und es aus dem Blickwinkel der Propheten analysieren. Trotzdem: Die katholische Kirche besitzt in Argentinien eine solch große Bedeutung, dass sie einerseits dem Dialog mit den Mächtigen nicht aus dem Weg gehen kann und andererseits damit rechnen muss, dass ihre Botschaften politisch gedeutet werden.

Bergoglio: Das Risiko, das wir Priester und Bischöfe meiden sollten, ist, dem Klerikalismus anheimzufallen, einer verderbten Haltung der Religiosität. Die katholische Kirche ist das ganze gläubige Volk Gottes, Priester eingeschlossen. Wenn ein Priester das Wort Gottes verkündet oder wenn er den Glaubenssinn des ganzen Gottesvolkes zum Ausdruck bringt, dann spricht er als Prophet, Mahner und Katechet von der Kanzel aus. Und wenn ein Priester eine Diözese oder eine Pfarrei leitet, muss er seine Gemeinde hören, um die Entscheidungen reifen zu lassen und sie auf diesem Weg zu führen. Setzt er sich hingegen durch und sagt auf irgendeine Art »Hier bestimme ich«, fällt er dem Klerikalismus anheim. Unglücklicherweise sehen wir einige Führungseigenarten bei Priestern, die nicht der Regel entsprechen, im Namen Gottes die Eintracht zu suchen. Es gibt Geistliche, die dazu neigen, mit ihren öffentlichen Erklärungen zu klerikalisieren. Die Kirche verteidigt die Autonomie der menschlichen Angelegenheiten. Eine gesunde Autonomie ist eine gesunde Laizität, wo die verschiedenen Kompetenzen respektiert werden. Die Kirche wird den Ärzten nicht sagen, wie sie eine Operation durchzuführen haben. Nicht gut ist der militante Laizismus, der eine antitranszendentale Position einnimmt oder fordert, das Religiöse solle in der Sakristei bleiben. Die Kirche gibt die Werte, und sie mögen den Rest machen.

Skorka: Ich persönlich bin sehr skeptisch, was die politischen Parteien in Argentinien angeht. Leider gibt mir die Geschichte der letzten Jahrzehnte Recht. Deshalb hänge ich auch keiner politischen Partei an. Trotzdem halte ich die Demokratie für das beste Gesellschaftssystem, das wir haben. Wenn ich von der Kanzel aus über Argentinien spreche, dann immer ganz allgemein, schließlich sind wir alle gemeinsam schuld an den Zuständen. Es kann doch nicht sein, dass ein Land, das Lebensmittel für 300 Millionen Menschen produzieren kann, nicht in der Lage ist, seine 38 Millionen Einwohner zu ernähren. Das ist nun wirklich eine Frage der Werte. Ich sehe überall, wie Interessen durchgesetzt werden, aber keiner hat das Allgemeinwohl im Blick. Auch die politischen Institutionen sind nicht davon beseelt, die Zustände zu verbessern. Es geht ihnen nur darum, an die Macht zu gelangen. Für sie ist die Macht wichtiger als der Mensch. Die Elendsviertel könnte man mit relativ geringem finanziellem Aufwand beseitigen. Es zerreißt mir schier das Herz, wenn ich die vielen Bettler auf der Straße sehe, die außerdem immer zahlreicher werden. Argentinien ist krank, und das tut mir in der Seele weh, weil es ganz anders sein könnte. Ich will mich keiner politischen Richtung verschreiben, aber ich hege die große Hoffnung, dass dieses Land irgendwann die Führungspersönlichkeiten hervorbringen wird, die diese Zustände verändern.

Bergoglio: Vor einigen Jahren schrieben die französischen Bischöfe einen Hirtenbrief mit dem Titel »Die Politik rehabilitieren«. Sie merkten, dass man sie rehabilitieren musste, denn sie hatte sehr an Ansehen verloren, und ich glaube, dasselbe gilt für uns. Den Ansehensverlust der politischen Tätigkeit muss man umkehren, denn die Politik ist eine höhere Form der gesellschaftlichen Wohltätigkeit. Die soziale Liebe drückt sich im politischen Handeln für das Allgemeinwohl aus. Ich wurde 1936 geboren, als Perón an die Macht kam, war ich zehn Jahre, aber meine Familie mütterlicherseits hat ihre Wurzeln bei der ältesten argentinischen Partei, der Unión Cívica Radical. Mein Großvater mütterlicherseits war Tischler, und einmal pro Woche kam ein bärtiger Herr und verkaufte ihm das Anilin. Sie unterhielten sich eine ganze Weile im Hof, während meine Großmutter ihnen eine große Tasse Tee mit Wein servierte. Eines Tages fragte meine Großmutter mich, ob ich wisse, wer Don Elpidio, der Anilin-Verkäufer, sei. Es war Elpidio

González, der in den 1920er Jahren Argentiniens Vizepräsident in einer UCR-Regierung gewesen war. Mir prägte sich dieses Bild eines ehemaligen Vizepräsidenten ein, der sich seinen Lebensunterhalt als Verkäufer verdiente. Es ist ein Bild der Ehrbarkeit. Mit unserer Politik ist etwas passiert, es hat sich etwas verschoben bei den Vorstellungen, den Angeboten … Die Vorstellungen haben sich von den Parteiprogrammen zur Ästhetik verlagert. Heute ist das Image wichtiger als das, was angeboten wird. Platon sagte es schon im Dialog *Gorgias*, die Rhetorik – was die Ästhetik wäre – sei für die Politik das, was die Kosmetik für die Gesundheit ist. Wir haben uns vom Wesentlichen zum Ästhetischen verlagert, wir haben Statistik und Marketing zum Gott erhoben. Vielleicht aus diesem Grund begehe ich eine Sünde gegen den Bürgersinn: Das letzte Mal, dass ich zur Wahl gegangen bin, war bei der Parlamentswahl in der Regierungszeit von Frondizi, ich hatte meinen Wohnsitz noch in der Provinz Santa Fe, weil ich dort als Lehrer arbeitete. Als ich nach Buenos Aires kam, meldete ich meinen Wohnsitz nicht um, und da ich über 500 Kilometer von meinem Wahlsprengel entfernt war, ging ich nicht mehr wählen.[89] Und als ich mich schließlich im Erzbistum niederließ, musste ich den Wohnsitz ummelden, stand aber weiter im Wahlregister von Santa Fe. Dann wurde ich auch noch siebzig und unterliege nun nicht mehr der Wahlpflicht. Es ist diskutabel, ob es gut ist, dass ich nicht wähle, doch letzten Endes bin ich der Vater aller und sollte mich nicht politisch auf eine Seite schlagen. Ich gebe zu, dass es schwierig ist, sich der Wahlatmosphäre zu entziehen, wenn die Wahlen näher rücken, vor allem, wenn manche an die

Tür des Erzbistums klopfen, um zu sagen, dass sie die Besten sind. Als Geistlicher empfehle ich den Gläubigen vor einer Wahl, die Parteiprogramme zu lesen, damit sie ihre Wahl treffen können. Auf der Kanzel sehe ich mich sehr vor, ich bitte lediglich darum, auf die Werte zu schauen, sonst nichts.

Skorka: Auch ich rate dazu, die Wahlprogramme zu lesen und die eigenen Schlüsse zu ziehen. Ich habe keine so exponierte Stellung inne wie Sie, deshalb gehe ich durchaus zu politischen Veranstaltungen, wenn ich eingeladen werde, vorausgesetzt natürlich, es handelt sich nicht um Wahlkampf. Damit ehre ich die Politik und das Vaterland.

Bergoglio: Die Teilnahme am politischen Leben ist natürlich eine Art, die Demokratie zu achten.

Skorka: Es gibt in unserem Land politische Ereignisse, zu denen wir einfach Stellung beziehen müssen. Oft kritisch Stellung beziehen müssen, vor allem dann, wenn Werte mit den Füßen getreten werden. Aber wir argumentieren dann nicht politisch, sondern religiös. Wobei es manchmal schwierig ist, klar zwischen beidem zu trennen. Trotzdem dürfen wir in solchen Fällen nicht mit unserer Meinung hinterm Berg halten. Während der Militärdiktatur wies ich einmal in der Fernsehsendung *Dios es mi descanso*[90] darauf hin, dass ich die Demokratie für eine wichtige Errungenschaft halte. Ich sprach damals nicht als Politiker, sondern als Rabbiner, sozusagen als Vertreter einer religiösen Plattform.

Bergoglio: Man müsste zwischen der Politik im Großen und der Politik im Kleinen unterscheiden. Jeder Akt eines religiösen Würdenträgers ist ein Akt der Politik im

Großen, doch einige mischen sich in die alltägliche Politik im Kleinen ein. Der Geistliche hat die Verpflichtung, Werte, Richtlinien für das Verhalten oder die Erziehung hervorzuheben oder, wenn er darum gebeten wird, einige Worte zu einer bestimmten gesellschaftlichen Situation zu sagen. Am 30. Dezember 2009 hielt ich die Messe zum 5. Jahrestag des Cromañón-Unglücks. Das war ein gesellschaftliches Ereignis, zu dem etwas gesagt werden musste. Manche Situationen verlangen danach, genauso, wenn es ernsthafte Verfehlungen gibt. Nicht, dass man sich wegen der Politik öffentlich äußert, sondern um der Werte willen, die auf dem Spiel stehen, wegen der tatsächlich geschehenden Unglücksfälle. Der Geistliche ist verpflichtet, die Werte zu verteidigen. Manchmal ist es nur so, dass die Welt der Politik Schuldzuweisungen geradezu sucht: Sie hören einen Priester und denken, er feure gegen diesen oder jenen. Wir feuern gegen niemanden, wir beziehen uns auf einen Wert, der in Gefahr, der zu schützen ist. Sofort treten die Medien auf den Plan, die manchmal die Gelbsucht haben – das sage ich wegen der Sensationslust der Yellow Press –, und behaupten: »Harte Replik gegen diesen oder jenen.«

Skorka: Politiker spielen manchmal ein doppeltes Spiel. Auf der einen Seite fordern sie, dass Religionsvertreter ihre Meinung nicht öffentlich kundtun sollen, auf der anderen Seite wollen sie im Wahlkampf deren Segen.

Bergoglio: Wenn ich Politiker empfange, kommen manche auf gute Weise, mit guter Absicht, und teilen die Vision der Soziallehre der Kirche. Doch andere kommen nur, um politische Verbindungen zu suchen. Meine Antwort ist immer dieselbe: Ihre zweite Verpflichtung lautet, miteinander einen Dialog zu führen; die erste, über die Souveränität der Nation, des Vaterlandes zu wachen. Das Land ist die geografische Dimension und die Nation die Rechtsstruktur oder der juristisch-legale Aspekt, der das Zusammenleben regelt. Ein Land oder eine Nation können in einen Krieg stürzen oder verstümmelt und wiederhergestellt werden. Das Vaterland hingegen ist das Vermächtnis der Vorväter, das wir von den Gründern erhalten haben. Es sind die Werte, die sie uns in die Obhut übergeben haben, aber nicht, damit wir sie in einer Konservenbüchse aufbewahren, sondern damit wir sie in der Herausforderung der Gegenwart beim Wachsen unterstützen und sie in die Utopie der Zukunft projizieren. Wenn das Vaterland verloren geht, ist es nicht zurückzugewinnen: Das ist unser Vermächtnis. Es gibt zwei Bilder, die mir viel über das Vaterland sagen. Eines ist der Bibel entnommen: Als Abraham aus seinem Land wegzieht und Gottes Weg folgt, nimmt er seinen Vater mit, der anderen Göttern dient[91] und – nach rabbinischer Überlieferung[92] – Götterbilder herstellt. Trotzdem negiert Abraham seine Tradition nicht und reinigt sie mit der Offenbarung. Das andere Bild, westlicher: Als Aeneas aus dem brennenden Troja loszieht, um Rom zu gründen, trägt er dabei seinen Vater auf dem Rücken mit. Vaterland heißt, die Väter auf dem Rücken zu tragen. Mit dem Erbe, das sie uns hinterlassen haben, müssen wir die Gegenwart verhandeln, es beim Wachsen unterstützen und in die Zukunft tragen. Heute ist es Aufgabe der Politiker, das Vaterland zu bewahren, die Theokratien waren nie gut. Gott gibt dem Menschen die Verantwortung, den Fortschritt seines Landes, seines Vaterlandes und seiner Nation zu betreiben. Die Religion kennzeichnet die ethisch-moralischen Richtlinien und öffnet den Weg zur Transzendenz.

Skorka: Sie haben gerade einen Schlüsselbegriff benutzt: Dialog. Wir haben in unserem Land vor allem ein kulturelles Problem. Argentinien ist krank, und ein Symptom dieser Krankheit ist der Mangel an Dialog. Wie Sie gerade sagten: Ein Land ist ein Territorium, eine Nation eine Rechtsstruktur und das Vaterland ein Erbe der Vergangenheit. Was alle drei brauchen, sind Werte. Argentinien hat ein religiöses Fundament, mit all seinen Schwächen und Stärken. Es gilt, die Stärken zu retten, um unser Land voranzubringen – unabhängig davon, auf welche weltanschauliche Tradition man sich beruft; und dann muss man den Dialog mit den Agnostikern suchen, um zu einem Konsensus zu gelangen, der das Land erneuert. Ich nehme Ihr Bild von eben auf: Man muss die Väter auf dem Rücken tragen. Aber wie sagte der berühmte Rabbiner von Kotzk: Eine nachgeahmte Wahrheit ist keine Wahrheit mehr. Man muss seine eigene Wahrheit schaffen, ohne die Wurzeln der Vergangenheit zu leugnen: mithilfe des Dialogs. Hier sehe ich den Beitrag der Religion, die Verbindung von Religion und Politik. Ich rede hier aber nicht der Theokratie das Wort, denn Theokratie führt schnell zu Fundamentalismus, wie man an einigen – Gott sei Dank wenigen – Staaten sehen kann. Staaten müssen demokratisch sein. Dabei beziehe ich den Staat Israel nachdrücklich mit ein, in dem zwar die jüdische Tradition und ihre Werte vorherrschen, aber innerhalb einer demokratischen Struktur. Einfach ist das nicht. Nur zu oft geraten Religion und Staat aneinander.

Oder das Rabbinat und das Oberste Gericht. Und trotzdem gelingt es, religiöse Strukturen, die oft sehr rigide sind, und Demokratie unter einen Hut zu bringen. Es ist ein Wesensmerkmal der Demokratie, dass sie einen Dialog ermöglicht, dass sie Verhärtungen löst.

Bergoglio: Die Macht wurde dem Menschen von Gott gegeben. Er sagte zu ihnen: Unterwerft euch die Erde, seid fruchtbar und vermehrt euch. Es ist eine Gabe Gottes, der erlaubt, an seiner Schöpfung teilzunehmen. Ich würde das Wort »Macht«, mit dem man Religion manchmal definiert, gern entmythologisieren. Wenn einer denkt, Macht hieße, das Eigene durchzusetzen, alle auf meine Linie zu bringen und auf diesem Weg vorwärtszutreiben, so glaube ich, dass er sich irrt. So soll die Religion nicht sein. Wenn ich nun die Macht auf anthropologische Art auffasse, als einen Dienst an der Gemeinschaft, dann ist das etwas anderes. Die Religion hat ein Vermächtnis und stellt es in den Dienst des Volkes, doch wenn sie anfängt, sich in politische Ränkespiele zu mischen und unter der Hand Dinge durchzuboxen, dann wird sie sehr wohl zu einem Faktor der schlechten Macht. Das Religiöse muss eine gesunde Macht haben, sodass es den menschlichen Dimensionen zur Begegnung mit Gott und der Fülle der Person dient. Es muss eine das Positive fördernde Macht sein: Ich helfe. Es ist nicht schlecht, wenn die Religion einen Dialog mit der politischen Macht führt, problematisch wird es, wenn sie mit ihr gemeinsame Sache macht, um unter der Hand Geschäfte zu treiben. Und in der argentinischen Geschichte gab es, glaube ich, alles davon.

Skorka: Was das angeht, war der Bombenanschlag auf das jüdische Gemeindezentrum der AMIA[93] eine Zeitenwende. Damals pflegten einige Vertreter der jüdischen Gemeinde ein sehr enges Verhältnis zum amtierenden Staatspräsidenten Carlos Menem, was sich bitter rächen sollte. Dialog ist immer gut, aber bitte mit einer gewissen Distanz. Vetternwirtschaft, auch wenn beide Seiten davon profitieren, darf es nicht geben. Es muss immer möglich sein, den Hörer abzuheben und einen Minister oder den Staatssekretär für religiöse Angelegenheiten anzurufen, wenn es ein Problem gibt, aber es bedarf einer klaren Trennlinie. Wenn ich die katholische Kirche betrachte, bin ich schockiert, dass es Priester wie Christian von Wernich[94] gegeben hat, die sich an der Folter beteiligt haben. Priester, die das Regime unterstützt haben, indem sie Mördern die Absolution erteilten, statt ihnen klar zu sagen, was sie waren, nämlich Mörder.

Bergoglio: Wer an solchen Situationen teilhat, rechtfertigt sie.

Skorka: Der Mensch bleibt immer ein Mensch. Ein Mensch ist ein Mensch und kein Engel, der rein ist und nur die Anweisungen Gottes ausführt. Ein Engel hat keinen freien Willen, während der Mensch auch seine dunklen Seiten hat. Jemand, der eine Gemeinde führen will, braucht Selbstvertrauen, Selbstwertgefühl, vielleicht sogar einen Schuss Überheblichkeit. Wer dies nicht hat, ist für das Amt nicht geeignet. Wer einer Glaubensgemeinschaft vorsteht, sucht oft Bestätigung für sein Ego. Die Frage ist nur: Was stellt er mit seiner Macht an? Macht ist kein Selbstzweck, Macht braucht ein Wozu. Erinnern Sie sich noch, was ich zu Ihnen sagte, als ich Sie vor der Wahl von Papst Benedikt XVI. anrief? Ich sagte: »Möge Gott die Kardinäle erleuchten, damit sie die richtige Wahl treffen. Historisch betrachtet ist es die Aufgabe des Papstes, sich in der Welt Gehör zu verschaffen, auch wenn er hinterher dafür kritisiert wird. Wichtig ist jedenfalls, dass er niemandem gleichgültig ist. Mögen die Kardinäle sich auf jemanden einigen, der gemäßigte Ansichten vertritt, denn ein Papst kann viel bewegen.« Die Frage ist nur, ob derjenige, der in dieses hohe Amt gelangt, sich seine Aufrichtigkeit bewahren kann, seine Demut, ob er den Anforderungen gerecht werden kann. Vor 50 Jahren wäre ein Gespräch wie das zwischen uns nicht möglich gewesen. Und es ist auch heute nur deshalb möglich, weil Sie sind, wie Sie sind. Wir müssen diese Teufelskreisläufe durchbrechen. Als Oberhaupt der argentinischen Kirche haben Sie von Ihrer Macht Gebrauch gemacht, um etwas zu bewegen. Man darf nicht zulassen, dass die Mittelmäßigen an die Macht gelangen.

Bergoglio: Ein sehr kluger Jesuit pflegte im Scherz von einer Person zu erzählen, die angerannt kam und um Hilfe rief. Wer verfolgte sie da, ein Mörder? Ein Dieb? Nein … ein Mittelmäßiger mit Macht. Wohl wahr, arm die, die einem Mittelmäßigen unterstehen, der von sich selbst überzeugt ist und ein kleines bisschen Macht bekommen hat. Mein Vater sagte zu mir immer: »Grüße die Leute beim Aufstieg, denn beim Abstieg triffst du sie wieder. Sei nicht zu sehr von dir überzeugt.« Die Autorität kommt von oben; wie sie nun eingesetzt wird, ist etwas anderes. Ich bekomme Gänsehaut, wenn ich in der Bibel das Buch der Könige lese, denn nur einige wenige waren in den Augen des Herrn gerecht. Die meisten jedoch nicht. Man liest da Dinge, die diese Könige getan haben, und fasst sich an den Kopf. Sie töten sogar: Der heilige König, David, ist nicht nur ein Ehebrecher, er lässt sogar, um seine Tat zu verdecken, den Ehemann der Frau ermorden. Doch als ihn der Prophet Natan zurechtweist, hat er die Demut einzugestehen, dass er gesündigt hat, und bittet um Vergebung.[95] Die Macht wird in unserer Tradition von Gott verliehen: »Nicht ihr habt mich erwählt, sondern ich habe euch erwählt«, sagt der Herr.[96] Den Priestern sage ich an dem Tag, an dem ich ihnen die Hände auflege und sie weihe, dass sie nicht studiert haben, um eine Stelle als Pfarrer anzustreben, denn das ist keine Laufbahn; nicht sie haben gewählt, sondern sie wurden erwählt. Doch was passiert dann? Wir sind Menschen, wir sind Sünder, wir sind keine Engel, wie Sie gesagt haben. Man verfängt sich allmählich in Machtansprüchen, die anderer Art sind als die Macht, die einem mit der Weihe gegeben wurde. Oder man schafft sich oder maßt sich eine weltliche Macht an, und das ist nicht das, was der Herr möchte. Eine gute Sache, die der Kirche widerfuhr, war der Verlust des Kirchenstaats, denn so ist klar, dass der Papst nichts weiter hat als einen halben Quadratkilometer. Aber als das Papstamt weltliche und geistliche Herrschaft vereinte, vermischten sich die Hofintrigen und all das. Vermischt sich das jetzt nicht mehr? Doch, es gibt das jetzt auch, denn Männer der Kirche haben Ambitionen, und es gibt – leider – die Sünde des Karrierismus. Wir sind Menschen und geraten in Versuchung; wir müssen sehr wachsam sein, um die Weihe, die wir erhalten haben, zu hüten, denn sie ist ein Geschenk Gottes. Die Machtspiele, die es in der Kirche gab und gibt, sind unserer menschlichen Natur geschuldet. Doch in diesem Augenblick ist man nicht länger der für den Dienst Erwählte, sondern wird einer, der wählt, nach seinem Gutdünken zu leben, und sich auf seinen inneren Unrat einlässt.

20. Über Kommunismus und Kapitalismus

Bergoglio: In der immanenten Vorstellung des kommunistischen Systems lähmt alles, was über das Diesseits hinausgeht und eine Hoffnung im Jenseits verortet, die Tätigkeit im Hier. Da es den Menschen lähmt, ist es folglich ein Opium, das ihn konformistisch macht, ihn aushalten lässt und vom Fortschritt abhält. Aber diese Vorstellung ist nicht nur dem kommunistischen System zu eigen. Das kapitalistische System hat ebenfalls seine geistige Perversion: nämlich die Religion zähmen zu wollen. Es zähmt sie, damit sie nicht zu sehr stört, es verweltlicht sie. Eine gewisse Transzendenz darf sein, aber nur ein bisschen. In beiden antagonistischen Systemen gibt es die Vorstellung vom Opium, beim kommunistischen, weil es möchte, dass alle Arbeit dem Fortschritt des Menschen dient, eine Auffassung, die sich schon bei Nietzsche findet. Und beim kapitalistischen, weil es eine Art gezähmter Transzendenz toleriert, die sich im weltlichen Geist ausdrückt. Für den religiösen Menschen bedeutet ein Akt der Anbetung Gottes, sich seinem Willen, seiner Gerechtigkeit, seinem Gesetz und seiner prophetischen Inspiration zu unterwerfen. Für den Weltmenschen hingegen, der die Religion manipuliert, ist dieser Akt völlig belanglos. In etwa wie: »Benimm dich gut, begeh ein paar Untaten, aber nicht zu viele.« Das wären gute Umgangsformen und schlechte Angewohnheiten: eine Zivilisation des Konsumdenkens, des Hedonismus, der politischen Vetternwirtschaft zwischen den politischen Kräften oder Sektoren, die Herrschaft des Geldes. Das sind alles Ausdrucksformen der Weltlichkeit.

Skorka: Wenn ich bei Marx lese, Religion sei Opium fürs Volk, oder bei Nietzsche, der Mensch habe Gott getötet, dann gehe ich davon aus, dass beide viel zu intelligent waren, um nicht zu wissen, wie wichtig die wahre Suche nach Gott ist. Also versuche ich die Aussagen anders zu deuten, und zwar aus zwei Perspektiven. Die erste bezieht sich auf das, was Sie gerade gesagt haben: Gott interessierte Marx nicht, Marx interessierte nur das Hier und Jetzt. So etwas wie spirituelle Transzendenz kommt in seinen Schriften nicht vor. Er dachte, alles würde gut, wenn die sozioökonomische Ordnung gerechter wäre. Die zweite Perspektive zielt auf die Kritik an religiösen Institutionen ab, denen es an Spiritualität mangele. Sowohl die katholische Kirche als auch die anderen Glaubensgemeinschaften seiner Zeit gaben da tatsächlich ein schwaches Bild ab. Auch als das Christentum entstand, war die Religion in einer tiefen Krise. Anders wäre seine rasante Verbreitung nicht zu erklären. Ein Christ würde vielleicht sagen, dass von Jesus eine Sogwirkung ausging, der man sich nicht entziehen konnte. Aber selbst dann wäre es historisch betrachtet immer noch so, dass das Feld für diese Wirkung bereitet war:

eine im Untergang begriffene heidnische Welt mit einem großen Bedürfnis nach Spiritualität. Und das Christentum hat genau dieses Bedürfnis befriedigt. Etwas Ähnliches, nur unter umgekehrten Vorzeichen, geschah zu Zeiten von Marx: Die Glaubensgemeinschaften gaben damals keine Antworten auf die drängenden spirituellen Fragen, und deshalb hat Marx geschrieben, was er geschrieben hat. Ich glaube, dass der Grund für seine rebellische Haltung eine große Sehnsucht nach Spiritualität war. Auch die heutige Welt rückt Gott in weite Ferne. Selbst religiöse Strömungen tun es. Sie sagen: »Tu dies, dann wird sich das Gute einstellen, dann erhältst du eine bessere Welt.« Wahre Religion ist aber viel tiefgründiger, bietet nicht die wissenschaftliche Gewissheit eines Labors. Religion ist eine Frage des Glaubens, der immer wieder sorgfältig analysiert und neu hervorgebracht werden muss.

Bergoglio: Manchmal heißt es, die Religion verspräche ein besseres Leben, sofern man heute mehr aushält, als die menschliche Würde zulassen sollte. Die Existenz einer jenseitigen Belohnung stellt den Menschen nicht von der Verpflichtung frei, für die persönlichen, gesellschaftlichen, ethischen Rechte wie auch die von Vaterland und Menschheit zu kämpfen. Falls jemand in Gedanken an das Paradies alles erduldet, ohne für seine Rechte zu kämpfen, dann steht er tatsächlich unter dem Einfluss von Opium. Die Völker, die Verfolgungen und Zerstörungen erlitten haben – wie die drei großen Völkermorde des vergangenen Jahrhunderts: Armenier, Juden und Ukrainer –, kämpften mehrheitlich für die Befreiung. Möglicherweise hatten einige das Gefühl, nicht genug Kraft zu haben, und vertrauten sich Gott an, ohne zu tun, was sie zu tun gehabt hätten. Die katholische Lehre sagt, dass die menschlichen Dinge ihre Autonomie haben, dass Gott sie ihnen gegeben hat, und man kann sich nicht dem Voranschreiten entziehen, indem man sich aufs Paradies beruft. Man muss für den Fortschritt in jeder Hinsicht kämpfen: für den moralischen, wissenschaftlichen, erzieherischen, beruflichen Fortschritt. Und man muss kämpfen, um sich nicht mit Opium zu betäuben.

Skorka: Wie es in den Psalmen heißt: »Der Himmel ist der Himmel des Herrn, die Erde aber gab er den Menschen.«[97] Man muss versuchen, immer im Gleichgewicht zu leben. Wenn wir das Gleichgewicht verlieren, sind wir verloren.

Bergoglio: Wir haben vom Judentum dieselbe Auffassung geerbt. Das jüdische Volk hat nicht zahm auf die Befreiung aus Ägypten gewartet. Es ließ sich vom Herrn mit Schläue und mit Krieg führen. Sie nahmen ganz Transjordanien durch Krieg in Besitz, und als die Hellenisten sie unterdrücken wollten, starteten die Makkabäer einen Guerilla-Krieg. Sie erlangten die Befreiung, indem sie taten, was sie zu tun hatten, und dabei beteten. Einmal, als schon alles vorbereitet war und sie sich wegen der Unterlegenheit ihrer Truppen fürchteten, sagte der Prophet zu ihnen: Fürchtet euch nicht, denn nicht eure, sondern Gottes Sache ist der Krieg. Nur in einigen Momenten, in denen sie kämpfen sollten, stellte Gott sie frei. Manchmal befreit Gott einen von der Anstrengung, um seine Größe zu zeigen. Für gewöhnlich sagt er: Ich begleite dich, du kämpfe. So war es bei Mose, er hatte beide Hände bittend in die Höhe gereckt, während das Volk kämpfte.[98]

Skorka: Im Talmud steht ein Spruch, der besagt: »Besser eine Stunde in Bußfertigkeit und guten Werken als das ganze Leben der zukünftigen Welt, und besser eine Stunde der Seligkeit in der zukünftigen Welt als alles Leben dieser Welt.«[99] Mit anderen Worten: Alles ist wichtig. Die irdische Wirklichkeit für die zukünftige Welt zu opfern ist nicht richtig. Aber im gleichen Traktat steht auch: »Doch wisse, dass die Belohnung der Gerechten erst in der zukünftigen Welt erfolgt.«[100] Die Stelle erinnert mich an die Bergpredigt: »Selig, die arm sind vor Gott; denn ihnen gehört das Himmelreich.«[101] Daraus darf man nicht ableiten, dass man in Armut leben muss, um das ewige Leben zu erhalten. Ich interpretiere das Wort *arm* in dem Sinn, dass es nicht nötig ist, Reichtümer anzuhäufen, um zur Transzendenz zu gelangen, denn dorthin gelangt man nur, indem man tut, was richtig und gut ist. Und dass Gott dem Menschen aufgetragen hat, über die Erde zu herrschen,[102] deute ich als Aufforderung, das Leben in all seinen Facetten zu leben. Das Judentum verlangt keine Askese, keinen Verzicht auf die Freuden der Welt, solange sie im Einklang mit der Ethik stehen, solange man ein redliches, gerechtes und spirituelles Leben führt. Im Talmud gibt es eine Stelle,[103] die besagt, dass der Mensch eines Tages Rechenschaft wird ablegen müssen über all die schönen Früchte, die er gesehen, aber nicht gekostet hat. Das jüdische Ideal ist nicht eine Welt der Unterwerfung und Beschränkung, sondern das zu tun, was in Seinen Augen richtig und gut ist, wie es im Deuteronomium heißt,[104] also voll und ganz im Hier und Jetzt zu leben.

21. ÜBER GLOBALISIERUNG

Bergoglio: Wenn wir uns die Globalisierung wie eine Billardkugel vorstellen, wird das reiche Vermögen jeder einzelnen Kultur ausgelöscht. Die wahre, zu verteidigende Globalisierung ist wie die Figur eines Polyeders, wo sich alle eingliedern, jedoch jeder Einzelne seine Eigenheit bewahrt, die wiederum alle anderen bereichert.

Skorka: Wenn ich an Globalisierung denke, dann zunächst einmal eher naiv. Ich finde es zum Beispiel gut, dass auf jedem Flughafen der Welt die gleichen Schilder benutzt werden, weil man sich dadurch leichter zurechtfindet. In diesem Sinn finde ich Globalisierung eine tolle Sache. Überhaupt nicht begreifen kann ich allerdings, wie Musikgruppen aus den USA plötzlich in Budapest für Furore sorgen können. Diese Phänomene haben Gegenbewegungen hervorgebracht, die die eigene Identität betonen, auch im Judentum, im Christentum und im Islam. Dass Unternehmen international kooperieren, finde ich nicht schlecht, vorausgesetzt natürlich, es gibt Regeln, die dafür sorgen, dass nicht ein großer Teil der Gesellschaft ausgeschlossen wird. Es ist gut, dass die Welt miteinander agiert, solange sie sich an gewisse Normen hält, die einen destruktiven Materialismus verhindern. Es ist gut, dass die Völker Umgang miteinander pflegen, solange jeder seine Identität bewahrt und stärkt. Ein kluges Volk hat Vertrauen in sich selbst, es schaut sich an, was die anderen Völker machen, und entscheidet dann, was ihm gefällt und was nicht. So war es zum Beispiel bei den Juden vor der Invasion durch Alexander den Großen: Der Talmud ist gespickt mit griechischem und griechisch-lateinischem Denken. Errungenschaften darf man nicht ignorieren. Wer an die eigenen Stärken glaubt, kann problemlos einen tiefen Dialog mit anderen führen. So verstehe ich jedenfalls die kulturelle Globalisierung. Aber wenn ein Land kein Vertrauen in sich selbst hat, keine klaren Regeln, wenn nicht Nächstenliebe vorherrscht, sondern gegenseitige Ausbeutung, dann kommt es zu den Krisen, wie wir sie neuerdings erleben.

Bergoglio: Die gleichmacherische Globalisierung ist ihrem Wesen nach imperialistisch und in ihrem Wirken liberal, menschlich jedoch ist sie nicht. Letztendlich ist es eine Art, die Völker zu versklaven. Wie ich schon gesagt habe: Man muss die Vielfalt in der harmonischen Einheit der Menschheit bewahren. Sie haben einige gute Dinge am Geist der Globalisierung genannt, die helfen, uns besser zu verstehen, doch wenn der Schwerpunkt ein bisschen anders liegt, unterjocht sie die Völker. Hier spricht man gewöhnlich vom »Schmelztiegel der Rassen«. Wenn man das im poetischen Sinn tut, ist es in Ordnung. Doch wenn man damit meint, die Völker miteinander zu verschmelzen, ist etwas faul daran: Ein Volk muss seine Identität bewahren und sich zugleich harmonisch zwischen die anderen einfügen.

Skorka: Diejenigen, die in Argentinien von einem »Schmelztiegel der Rassen« sprachen, wollten einen Modellargentinier schaffen, und dafür sollte jeder seine Identität verleugnen und sich diesem Ideal anpassen. Austausch zum Wohl aller war nicht erwünscht. Mit anderen Worten: Diese Leute waren Extremisten.

Bergoglio: Fundamentalisten. Ein charakteristisches Thema für unsere Geschichte ist die Fähigkeit zur Vermischung, die Argentinien bewiesen hat. Das zeigt eine gewisse Universalität sowie Achtung vor der Identität des anderen. Ich glaube, innerhalb Lateinamerikas waren Argentinien, Uruguay, der Süden Brasiliens und ein Teil Chiles die Regionen, in denen es am stärksten zur Vermischung gekommen ist, im guten und reichen Sinn des Wortes, wo die Begegnung der Kulturen an erster Stelle stand und nicht die Verschmelzung. Ich mag es, wenn bei Festlichkeiten die verschiedenen Gemeinschaften auftreten. Deshalb war ich ganz einverstanden, wie es die Regierung bei der Organisation der Zweihundertjahrfeier der Unabhängigkeit gemacht hat, als allen Gemeinschaften Raum gegeben wurde und die vielen verschiedenen Facetten gezeigt wurden.

22. Über das Geld

Bergoglio: Das Christentum verurteilt mit derselben Stärke den Kommunismus wie den ungezähmten Kapitalismus. Es gibt Privateigentum, aber mit der Verpflichtung, es in gerechten Parametern gesellschaftlich zugänglich zu machen. Ein klares Beispiel für das, was vor sich geht, ist die Geldflucht ins Ausland. Auch das Geld hat ein Vaterland, und wer eine Industrie im Land betreibt und das Geld mitnimmt, um es außerhalb des Landes zu horten, der sündigt. Denn er ehrt mit diesem Geld nicht das Land, das ihm den Reichtum gibt, und auch nicht das Volk, das arbeitet, um diesen Reichtum hervorzubringen.

Skorka: Im Buch Levitikus findet sich so etwas wie eine Wirtschaftsordnung:[105] Jeder hat sein eigenes Feld, aber wenn er es nicht bestellen kann, darf er es verpachten. Es ist also per Gesetz gesichert, dass jeder ein unveräußerliches Stück Land besitzt, das ihm den Lebensunterhalt garantiert. Die Geschichte hat uns gezeigt, dass der Mensch wirtschaftliche Anreize braucht. Betrachten wir das Beispiel der Sowjetunion. Abgesehen davon, dass es eine herrschende Klasse gab, die in Saus und Braus lebte, während die Bevölkerung darbte, war es vor allem die Abschaffung von Privatbesitz, die zu ihrem Scheitern führte. Andererseits gab es im 20. Jahrhundert ein sehr erfolgreiches Experiment: die Kibbuzim.[106] Diese Kibbuzim waren ein wichtiger Baustein beim Aufbau des Staates Israel. Heutzutage spielen sie jedoch keine große Rolle mehr und kämpfen ums wirtschaftliche Überleben. Privateigentum bei gerechter Verteilung des Wohlstands scheint der Königsweg zu sein. Damit sind wir wieder bei der rechtlichen und sozialen Ordnung, die das Buch Levitikus vorschlägt. Wenn allerdings diejenigen, die die Wirtschaftsordnung festlegen, nur dem »Gott des Geldes« huldigen, dem »Gott des Konsums«, wenn ihnen das Wohl des Menschen nicht mehr das Maß aller Dinge ist, dann landen wir unweigerlich beim Raubtierkapitalismus. Solange das Kapital dem Menschen dient, ist nichts dagegen einzuwenden. Wenn nicht, muss man die Regeln so ändern, dass eine gerechtere soziale Ordnung entsteht.

Bergoglio: Daher die Bedeutung, die bei uns dem Konzept der gesellschaftlichen Schuldenlast beigemessen wird. Bei jeder wirtschaftlichen Nutzung muss man die Dimension der gesellschaftlichen Schulden mit betrachten.

Skorka: Meinen Schülern sage ich immer, sie sollen nicht denen huldigen, die viel besitzen und Hochmut an den Tag legen, denen, die viel Geld haben und meinen, dadurch alles bestimmen zu dürfen. Sicher, um eine Gemeinde aufzubauen und zu führen, braucht man Menschen, die Geld haben, aber dieses Geld muss auf redliche Weise verdient worden sein. Es stimmt nicht, dass Geld nicht stinkt. Mit Geld, an dem Blut klebt, kann man keine Spiritualität schaffen.

Bergoglio: Ein Prediger aus den ersten Jahrhunderten des Christentums sagte, hinter jedem großen Vermögen verberge sich ein Verbrechen. Ich glaube nicht, dass das immer wahr ist. Ich teile Ihre Meinung: Manche glauben, durch eine Schenkung können sie ihr Gewissen reinwaschen. Wir haben das siebte Gebot: Du sollst nicht stehlen. Mancher hat unredlich erworbenes Geld und möchte es mit einem wohltätigen Werk gewissermaßen zurückerstatten. Ich akzeptiere nie eine Rückerstattung, sofern es keine Verhaltensänderung gibt, eine erkennbare Reue. Sonst wäscht derjenige sein Gewissen, aber danach geht das Spielchen weiter. Ein religiöses Oberhaupt wurde einmal beschuldigt, Geld aus dem Drogenhandel zu empfangen; er sagte dazu, er setze das Geld für gute Zwecke ein und frage nicht, woher es komme. Das ist schlecht. Blutbeflecktes Geld kann man nicht annehmen. Die Beziehung zwischen Religion und Geld ist nie einfach gewesen. Es ist immer die Rede vom Gold des Vatikans, aber das ist ein Museum. Man muss auch zwischen dem Museum und der Religion unterscheiden. Eine Religion braucht Geld, um ihre Tätigkeiten auszuführen, und das macht man mittels Bankinstituten, daran ist nichts unzulässig. Die Frage ist, wie man das Geld nutzt, das man in Form von Zuwendungen oder als Unterstützung erhält. Die Bilanz des Vatikans ist öffentlich, sie ist immer im Defizit: was durch Spenden oder Museumsbesuche hereinkommt, geht an Leprakranke, an Schulen, an afrikanische, asiatische, amerikanische Gemeinden.

Skorka: Keine Institution ist perfekt, auch nicht die religiöse, weil nämlich der Mensch nicht perfekt ist. Wo ein Mensch ist, da sind auch Konflikte. Priester, Pastoren, Rabbiner sind aus den unterschiedlichsten Gründen in ihre jeweiligen religiösen Institutionen eingetreten: weil sie sich entwickeln wollten oder weil sie Halt brauchten. Und manchmal kommen sie auch vom rechten Weg ab. Nicht alle Geistlichen sind ohne Fehl und Tadel. Davon wird aber das Wesen der Institution nicht berührt. Dass es schwarze Schafe gibt, verwandelt nicht alles in Heuchelei. Man muss die Spreu vom Weizen trennen. Allerdings ist die Anforderung an die Religion größer, weil ihr Wesenskern die Moral ist. Wer sich gläubig nennt und schändliche Taten begeht, macht sich doppelt schuldig. Ebenso ein Richter, der kein Recht spricht: weil er die Idee des Rechts diskreditiert. So geschehen bei den Richtern in den dunklen Jahren der Militärdiktatur, die im Kampf gegen die Guerilla das Recht mit Füßen traten. Sie haben sich doppelt schuldig gemacht, weil sie nicht nur Leid über viele Familien gebracht, sondern Argentinien etwas Schreckliches angetan haben. Auch ein Politiker, der sich fehlverhält, macht sich doppelt schuldig, denn er sollte in der Gesellschaft ein Vorbild sein.

Bergoglio: Das Schlimmste, was einem Kirchenmenschen passieren kann, ist ein Doppelleben, ob er nun Rabbiner, Priester oder Pastor ist. Bei einem gewöhnlichen Menschen kann es vorkommen, dass er hier sein Zuhause und dort sein Liebesnest hat und dies nicht weiter verwerflich erscheint, aber bei einem Mann der Religion ist es absolut verwerflich. Johannes Paul II. war darin ganz eindeutig, bei dem Chaos um den Banco Ambrosiano[107] ordnete er an, alles solle bezahlt werden.

23. Über Armut

Skorka: Religionen haben eine absolute Verpflichtung gegenüber den Armen. In der Tora findet sich an unzähligen Stellen die Aufforderung, Bedürftigen zu helfen. Gerade die Propheten – und unter ihnen besonders die Schriftpropheten Hosea, Amos, Micha und Jesaja – weisen immer wieder darauf hin, dass die Fürsorge für die Armen einer der Grundpfeiler eines gottgefälligen Lebens ist. Wer Gott ehrt, ist verpflichtet, eine gerechte Gesellschaft anzustreben, in der alle Menschen ein würdiges Leben führen können. Die Heiligen Schriften wiederholen es unermüdlich: Keine Gesellschaft, kein Volk, keine Nation – und ich würde noch hinzufügen: kein Staat – darf sich dieser ethischen Verpflichtung gegenüber allen sozialen Schichten entziehen. Witwen und Waisen muss geholfen werden. In der jüdischen Tradition gibt es seit jeher Vereine, die dafür sorgen, dass Bedürftige etwas zu essen auf dem Teller haben. In Argentinien zum Beispiel die AMIA, aber auch viele andere jüdische Organisationen. Dieses Engagement für die Bedürftigen hat es schon immer gegeben. Die gesamte biblische Literatur zum Besitz von Land legt nahe, dass es keine Latifundien geben darf, dass jede Familie ein Stück Land haben muss, um sich zu ernähren. Und sie stellt Regeln auf, wie dieses Land bebaut werden muss, nämlich dass alle sechs Jahre ein Brachjahr eingelegt wird, damit sich der Boden erholen kann.[108] Hier in Argentinien rufen Krisen traditionell eine solidarische Reaktion hervor, um Bedürftigen zu helfen. Es herrscht hier eine Kultur tief verwurzelter Solidarität mit den Bedürftigen. Ich erinnere mich noch, dass es in meiner Grundschulzeit immer wieder zu Überschwemmungen kam und ich dann Decken oder Kleiderpakete zu den Betroffenen bringen musste. In meiner Familie, die nicht viel Geld besaß, war diese Solidarität völlig selbstverständlich. Auch in unserer Gemeinde gibt es einen Fall, in dem sowohl Juden als auch Nichtjuden geholfen wird. In der Benei Tikva, meiner Synagoge, sammeln wir Kleidung für die Schulen in Santiago del Estero, im Chaco und in Pampa del Infierno. Dass wir das tun müssen, ist ein Armutszeugnis für dieses Land. Aber es kann ja nicht sein, dass Kinder nicht zur Schule gehen können, nur weil sie keine Schuhe haben. Wir bewirken keine Wunder, sondern tun einfach, was wir können. Wir müssen es tun, weil wir einen biblischen Auftrag haben, der besagt, dass man sich seinen Verwandten nicht entziehen darf.[109] Ich würde gern noch etwas hinzufügen: In der westlichen Welt haben sich Juden in allen Kämpfen für die Freiheit des Menschen engagiert. An der Russischen Revolution zum Beispiel beteiligten sich viele Juden, weil sie einer ausgebeuteten Klasse angehörten. Sie dachten, sie könnten mit einer Revolte ihren Nöten als Juden ein Ende bereiten. Aber wir müssen gar nicht so weit zurückgehen: Der Anteil der Juden, die sich in Argentinien in den 1970er Jahren aus Idealismus den sozialen Befreiungsbewegungen anschlossen, war prozentual wesentlich höher als in der Durchschnittsbevölkerung. In der Kommunistischen Partei, in der Sozialistischen Partei und überhaupt in allen Bewegungen, die sich für die unteren Gesellschaftsschichten einsetzten, war der Anteil an Juden traditionell hoch. Selbst die Atheisten unter den Juden haben diesen Ruf ihrer Väter so sehr verinnerlicht, dass sie nicht nur für ihr eigenes, sondern auch für das Allgemeinwohl kämpfen. Wenn es dem anderen schlecht geht, dann muss ich mich für ihn einsetzen; dass es mir gut geht, reicht nicht, wenn es dem anderen schlecht geht; alle müssen ein würdiges Leben führen können.

Bergoglio: Den Vers aus Jesaja machen auch wir im Christentum uns – als jüdisches Erbe – zu eigen: »Entzieh dich nicht deinen Verwandten, deinem Fleisch und Blut.« Der Schlüssel liegt in der Parabel vom Jüngsten Gericht,[110] wenn der Menschensohn die einen (die Guten) zu seiner Rechten und die anderen (die Schlechten) zur Linken versammelt. Der König wird dann zu denen auf der rechten Seite sagen: »Kommt her, die ihr von meinem Vater gesegnet seid, nehmt das Reich in Besitz … Denn ich war hungrig, und ihr habt mir zu essen gegeben; ich war durstig, und ihr habt mir zu trinken gegeben … ich war nackt, und ihr habt mir Kleidung gegeben; ich war krank, und ihr habt mich besucht; ich war im Gefängnis und ihr seid zu mir gekommen.« Sie fragen, wann sie das getan haben sollen, und der König antwortet ihnen, dass sie es jedes Mal, wenn sie es für einen der Geringsten seines Reiches taten, für ihn taten. Die anderen, die es nicht taten, verurteilt er. Im Christentum ist die Haltung der Armut und den Armen gegenüber – in ihrem Kern – eine wirkliche Verpflichtung. Und ich füge noch etwas hinzu: Diese Verpflichtung muss ganz aus nächster Nähe persönlich erfüllt werden. Es ist nicht damit getan, dass sie durch die Institutionen erledigt wird, was hilfreich ist, weil es einen Multiplikationseffekt hat; aber es genügt nicht, es befreit nicht von der Verpflichtung, in Kontakt mit den Bedürftigen zu treten. Man muss den Kranken pflegen – selbst wenn das Widerwillen, Ekel hervorruft –, man muss den Häftling besuchen … Ich finde es schrecklich schwer, in ein Gefängnis zu gehen, denn was man dort sieht, ist sehr hart. Aber ich gehe trotzdem, denn der Herr möchte, dass ich ganz nah am Bedürftigen bin, am Armen, am Leidenden. Die erste Aufmerksamkeit der Armut gegenüber ist unterstützender Art: »Hast du Hunger? Nimm, hier hast du etwas zu essen.« Doch dort sollte die Hilfe nicht stehen bleiben, man muss Wege der Förderung und der Integration in die Gemeinschaft aufzeigen. Der Arme soll nicht für immer am Rande stehen bleiben. Wir können nicht akzeptieren, dass der zugrunde liegende Diskurs lautet: »Wir, denen es gut geht, geben dem etwas, dem es schlecht geht, doch er soll bloß dort bleiben, weit weg von uns.« Das ist nicht christlich. Unbedingt muss man ihn so bald wie möglich in unsere Gemeinschaft eingliedern, mit Erziehung, mit Handwerksschulen … So, dass er da rauskommen kann. Diese Auffassung herrschte im 19. Jahrhundert mit den Schulen vor, die Don Bosco für alle bedürftigen Jugendlichen schuf, die er in seinem Oratorium versammelt hatte. Don Bosco dachte, dass es wenig

Sinn habe, sie auf die höhere Schule zu schicken, weil ihnen das für ihr Leben nichts nutzen würde, daher schuf er Handwerksschulen. Etwas Ähnliches wiederholen gerade die Geistlichen in den Elendsvierteln von Buenos Aires; sie bemühen sich, dass die jungen Leute mit einem oder zwei Jahren Lehrzeit eine Ausbildung erhalten, die ihrem Leben einen anderen Lauf gibt: Sie werden Elektriker, Köche, Schneider ... man muss fördern, dass sie sich ihre Brötchen verdienen können. Es setzt den Armen herab, nicht über dieses Öl zu verfügen, das einen mit Würde salbt: die Arbeit. Man darf sich vor dem Armen nicht ekeln, man muss ihm in die Augen sehen. Manchmal ist das unangenehm, aber wir müssen dafür einstehen, was unsere Lebensrealität ist. Die große Gefahr – oder die große Versuchung – bei der Unterstützung der Armen liegt darin, in protektionistischen Paternalismus zu verfallen, der sie letztlich nicht wachsen lässt. Die Verpflichtung des Christen ist es, selbst den Besitzlosesten in die Gemeinschaft zu integrieren, so gut es geht, ihn auf jeden Fall irgendwie zu integrieren.

Skorka: Was Sie gerade sagten, bringt mich auf einen interessanten Gedanken: Das Thema der Integration ist ein Nachhall dessen, was die Tora sagt. Alle müssen mit einbezogen werden. Auch wir haben Schulen gegründet, um den Menschen zu helfen. Ich denke da zum Beispiel an die Gründung der ORT-Schulen in Russland 1822, die den Juden Zugang zu Handwerk und Landwirtschaft ermöglichen sollten. Heute werden diese Schulen eher von der Mittelschicht besucht, aber in ihren Anfängen waren sie für alle da. Die ihr zugrunde liegende Botschaft lautet jedenfalls: Arbeit verleiht Würde, und die Schule bereitet einen darauf vor, dass man das Leben mit einer guten Ausbildung in Angriff nehmen kann.

Bergoglio: Die christliche Liebe ist die Liebe zu Gott und zum Nächsten. Sie kann mit der Unterstützung beginnen, doch darf sie sich nicht auf die Organisation von Canasta-Teepartys beschränken. Es gibt Veranstaltungen, die sich wohltätig nennen und in Wirklichkeit gesellschaftliche Events sind. Diese Art von Aktionen werden durchgeführt, damit man sich selbst gut fühlt, doch die Liebe setzt immer voraus, aus sich herauszugehen, sich selbst zurückzustellen. Die geliebte Person verlangt, dass ich mich in ihren Dienst stelle. Aber es gibt Karikaturen der Nächstenliebe; habe ich Ihnen schon die Anekdote mit der goldenen Rolex erzählt?

Skorka: Nein.

Bergoglio: Einmal, ich war schon Bischof, erhielt ich eine Einladung für ein Benefiz-Dinner der Caritas. An den Tischen saß, wie man so sagt, die Crème de la Crème. Ich entschied, nicht hinzugehen. An jenem Tag gehörte zu den Geladenen der damalige Präsident. Bei diesem Treffen wurden Sachen versteigert, und nach dem ersten Gang kam eine goldene Rolex unter den Hammer. Eine wirkliche Schande, eine Kränkung, ein schlechter Gebrauch der Nächstenliebe. Man suchte nach jemandem, der mit dieser Uhr eitel herumprotzen wollte, um die Armen zu speisen. Zum Glück werden bei der Caritas solche Sachen nicht mehr gemacht. Heute begleitet sie kontinuierlich die Förderung von Schulen, unterhält Häuser für alleinerziehende Mütter und Obdachlose, hat eine Bäckerei an der Ecke Uruguay und Rivadavia, wo auch Erzeugnisse des Kunsthandwerks verkauft werden, die junge Leute in den Handwerksschulen herstellen. Das ist Armenförderung durch den Armen selbst. Manchmal werden im Namen der Nächstenliebe Aktionen veranstaltet, die nicht karitativ sind, sie sind wie Karikaturen einer guten Absicht. Es gibt keine Wohltätigkeit ohne Liebe, und wenn bei der Unterstützung des Bedürftigen die eigene Eitelkeit genährt wird, ist da keine Liebe, dann täuscht man etwas vor.

Skorka: Für mich ist die karitative Hilfe eine Nothilfe. Aber in der Bibel gibt es einen anderen Begriff, der in eine ähnliche Richtung geht: *zedaka*. Wir Rabbiner interpretieren ihn als eine Steuer, die zu entrichten ist, um Bedürftigen zu helfen. Der Begriff leitet sich von dem hebräischen Wort für Gerechtigkeit ab. Offenbar hat darin die Vorstellung ihren Ausdruck gefunden, dass eine Gesellschaft, in der es Bedürftige gibt, per se ungerecht ist. Und mithilfe von *zedaka* versucht man diesen Mangel – zumindest teilweise – zu beheben. Es gibt noch einen weiteren Begriff, der sich in der talmudischen Literatur findet: *gemilut chassadim*, was man als »Barmherzigkeit üben« übersetzen könnte. Gemeint ist die Hilfe, die man dem Nächsten zukommen lässt, sei es in Form von Geld oder in Form einer Tat, sei es einem Reichen oder Bedürftigen, einem Lebenden oder einem Toten (um ihm zum Beispiel ein Begräbnis zu ermöglichen). Jeder Akt von *zedaka* muss von Barmherzigkeit geprägt sein. Wenn ich mich nicht irre, verschmelzen in der christlichen Barmherzigkeit beide Begriffe.

Bergoglio: Der Begriff *gemilut chassadim* erinnert mich an das Gleichnis vom barmherzigen Samariter;[111] als Jesus fragt, wer sich wie der Nächste verhalten habe, lautet die Antwort: »Der, der barmherzig ... gehandelt hat.« Der zweite Begriff, den Sie erwähnt haben und der mit der Gerechtigkeit in Verbindung steht, wurde im Christentum ausgehend von der Soziallehre der Kirche erarbeitet. Es nahm viel Zeit in Anspruch, das Konzept der sozialen Gerechtigkeit aufzunehmen; heute ist es bereits überall akzeptiert. Wenn man das Handbuch der Soziallehre der Kirche aufschlägt, wundert man sich über die Anklagen darin. Zum Beispiel die Verurteilung des Wirtschaftsliberalismus. Alle denken, die Kirche sei gegen den Kommunismus; doch sie ist ebenso gegen dieses System wie gegen den ungezähmten Wirtschaftsliberalismus von heute. Das ist auch kein Christentum, wir können das nicht akzeptieren. Wir müssen die Gleichheit von Chancen und Rechten suchen, für soziale Vorrechte, würdige Renten, Urlaub, Ruhetage, Freiheit zum Zusammenschluss eintreten. All diese Fragen machen die soziale Gerechtigkeit aus. Es darf keine Besitzlosen geben, und es gibt keine schlimmere Besitzlosigkeit – das möchte ich betonen –, als sich seinen Lebensunterhalt nicht verdienen zu können, nicht die Würde der Arbeit zu haben. Eine Anekdote klärt vielleicht das Bewusstsein der Kirche zu diesem Thema: Als bei einer der vielen Verfolgungen der Kaiser von Laurentius, einem römischen Diakon, verlangte, er solle ihm kurzfristig die Schätze der Kirche herausgeben, kam Laurentius ein paar Tage später mit einer Gruppe Armer zu dem Treffen und sagte: »Diese Menschen sind der wahre Schatz der Kirche.« Dieses Paradigma müssen wir pflegen, denn jedes Mal, wenn wir uns davon entfernen – sei es als Institution im Ganzen oder als kleine Gemeinschaft –, verleugnen wir unser Wesen. Wir rühmen uns in der Schwäche unseres Volkes, dem wir helfen, voranzukommen. Die Armen sind der Schatz der Kirche, und man muss für sie sorgen; und wenn wir diese Vision nicht haben, werden wir eine mediokre, laue, kraftlose Kirche errichten. Unsere wahre Macht muss das Dienen sein. Man kann Gott nicht verehren, wenn in unserem Geist der Bedürftige keinen Platz hat. Ich glaube, darin sind wir einer Meinung.

Skorka: Absolut. Wenn ein Jude mit den Erstlingsfrüchten zum Tempel in Jerusalem kam, dann musste er Gott mit den Worten danken: »Mein Vater war ein heimatloser Aramäer. Er zog nach Ägypten und lebte dort als Fremder«,[112] womit ausgedrückt werden soll, dass er in Armut lebte. Heute vereinen Juden und Christen ihre Kräfte, um die Armut zu bekämpfen. Denken wir nur an die Arbeit von Pater Pepe und des Rabbiners Alejandro Avruj in den Armenvierteln von Buenos Aires. Wir Rabbiner haben zwar auch schon in unseren Gemeinden genug zu tun, aber wir widmen trotzdem einen Teil unserer Zeit den Bedürftigen, die an unsere Tür klopfen. Leider sind wir nicht genug Leute und verfügen auch nicht über genügend Mittel, um uns stärker in den Armenvierteln zu engagieren. Wenn sich aber ein Rabbiner entschließt, dort zu helfen, hilft er nicht nur den jüdischen Bewohnern. Es geht auch nicht um Proselytenmacherei, es geht schlicht darum, dem Nächsten zu helfen. Wir können leider niemanden abstellen, der dauerhaft in diesen Vierteln arbeitet, dafür sind wir einfach zu wenige. Es ist auch eine demografische Frage. Wenn ein Priester in einem Viertel, in dem 90 Prozent Christen leben, eine Kirche errichtet, ist das etwas anderes, als wenn wir dort, wo wir nicht viele sind, eine Synagoge bauen.

Bergoglio: Historisch betrachtet sind die Seelsorger in den Armenvierteln ein relativ neues Phänomen in Argentinien. Das mag vor etwa 40 Jahren begonnen haben und setzte sich nicht so leicht durch, weil es für die hierarchische Struktur der Kirche etwas Neues war. Es war auch notwendig, das Religiöse vom Politischen zu scheiden, denn zuweilen waren diese beiden Aspekte unangemessen miteinander verquickt, und das rief Misstrauen hervor. In dem Maß, in dem die Priester, die diese Arbeit machten, ihre Zugehörigkeit zur Kirche mittels der Volksfrömmigkeit besser darstellen konnten, erreichten sie eine größere Annäherung und mehr Verständnis seitens der Hierarchie. Momentan beschuldigt man jedenfalls den Erzbischof von Buenos Aires, die Priester aus den Armenvierteln zu bevorzugen. Das ist kein neues Phänomen: In Norditalien, im Königreich Sardinien-Piemont, arbeitete Don Bosco mit den einfachen Leuten und erregte ebenfalls das Misstrauen der Bischöfe. Und erst Don Cafasso und Don Orione! Sie gehörten zur Avantgarde in der Arbeit mit Bedürftigen. Auf gewisse Weise zwangen sie die Obrigkeiten zu einem Wandel. Bei uns haben die Priester aus den Armenvierteln ebenfalls einen Wandel in der Mentalität und im Verhalten der Kirchengemeinden herbeigeführt.

24. Über den Holocaust

Skorka: Das Thema Shoah ist gewaltig. Vor allem eine Frage taucht immer wieder auf: Wo war Gott während des Holocausts? Wir sollten vorsichtig sein mit dieser Frage. Einerseits streichen wir gern heraus, dass wir einen freien Willen haben; andererseits rufen wir sofort nach Gott, wenn etwas schiefläuft, fragen ihn, wo er war, warum er angesichts der menschlichen Barbarei nichts getan hat. Wo war Gott während der Shoah? Ich glaube, dass es auf manche Fragen keine Antwort gibt. Manche Dinge verstehen wir einfach nicht. Eines aber ist klar: Bevor wir Gott fragen, wo er während der Shoah war, müssen wir zunächst fragen, wo der Mensch war: sowohl der, der aktiv, als auch der, der passiv zum Täter wurde, aus Unbarmherzigkeit, aus Schäbigkeit; sowohl der, der gemordet, als auch der, der weggesehen hat. Die Shoah entstand nicht aus irgendeiner Wut heraus, sondern folgte einem perfekt ausgeklügelten Plan, der die Vernichtung der Juden, nur weil sie Juden waren, zum Ziel hatte.

Bergoglio: Diese Frage über Gott ist nicht neu. Ich erinnere mich, dass wir einmal – ich war wohl zwölf oder dreizehn Jahre alt – mit meiner Familie zu einer Hochzeit gehen wollten, aber die Mutter eines der Brautleute starb kurz davor an einem Infarkt, vielleicht wegen der Aufregung. Wir hasteten zum Haus dieser Frau, und als wir eintrafen, kam der Schwiegersohn an uns vorbei und murmelte: »Und es heißt, es gibt Gott.« Das Christentum hat auch Momente der Not, der Verfolgung erlebt. Ich bin ganz Ihrer Meinung, dass es auf manche Fragen keine Antwort gibt. Wir wollen, dass uns eine Erklärung zufriedenstellt, wie Kinder im Warum-Alter. Die Kleinen hören der Antwort nicht zu und stellen schon die nächste Frage, sie wollen, dass der Vater mit der Aufmerksamkeit bei ihnen bleibt. Was die andere von Ihnen gestellte Frage – Wo war der Mensch? – betrifft: Das ist die größte Verleugnung der menschlichen Solidarität jener Zeit. Die großen Mächte wuschen sich die Hände, sahen weg, denn sie wussten viel mehr, als sie sagten, so wie sie sich auch beim Genozid an den Armeniern die Hände wuschen. Zu jener Zeit war das Osmanische Reich stark, die Welt befand sich im Ersten Weltkrieg und sah weg. Die Shoah ist ein Völkermord wie die anderen aus dem 20. Jahrhundert, jedoch mit einer Besonderheit. Ich möchte nicht sagen, dass er in der Bedeutung an erster Stelle steht und die anderen zweitrangig sind, aber es gibt eine Besonderheit, eine götzendienerische Konstruktion gegen das jüdische Volk. Die reine Rasse, der Übermensch, das sind die Götzen, auf deren Grundlage sich der Nationalsozialismus herausbildete. Das ist nicht nur ein geopolitisches Problem, es ist auch eine religiös-kulturelle Frage. Und jeder getötete Jude war eine Ohrfeige für den lebendigen Gott im Namen der Götzen. Vor Kurzem habe ich unter Schwierigkeiten – es verursachte mir Übelkeit – ein Buch mit einem Vorwort von Primo Levi gelesen. Es heißt *Kommandant in Auschwitz*, von Rudolf Höß, dem Leiter dieses Konzentrationslagers, der in der Gefangenschaft seine Erinnerungen schrieb. Die Kälte, mit der dieser Mann beschreibt, was dort passierte, zeigt, wie teuflisch die Angelegenheit war. Der Teufel trat in Götzen auf, die das menschliche Gewissen beschwichtigten.

Skorka: Sie berühren da einen heiklen Punkt, den vielleicht heikelsten Punkt der ganzen Shoah. Vor Kurzem las ich in den Medien eine Erklärung des Erzbischofs von Krakau, in der er argumentierte, die Juden hätten die Shoah für sich usurpiert und würden die anderen Opfer unterschlagen. Manche Menschen führen sogar an, die sechs Millionen ermordeten Juden seien doch nur ein kleiner Teil der über fünfzig Millionen Toten des Zweiten Weltkriegs. Der Punkt ist aber der, dass die Juden nicht aus politischen Gründen starben, dass sie keiner der am Krieg beteiligten Armeen angehörten. Und selbst wenn, wäre ihr Tod noch immer nicht gerechtfertigt, wäre er noch immer abscheulich. Trotzdem war die Shoah etwas anderes, die Shoah war die Vernichtung eines Volkes als Volk, wegen seiner Kultur, wegen seines Glaubens. Vielleicht wollten die Mörder den Gott Israels herausfordern. Vielleicht wurde das Massaker deshalb Holocaust genannt (griech. *holokauston*: »vollständig verbrannt«, Ganzopfer, Brandopfer). Wer diesen Namen erfunden hat, erachtete offenbar dieses Verbrechen als ein Opfer des Volkes Israel an die heidnischen Götter der Nazis. Im Hebräischen benutzen wir einen biblischen Begriff: Shoah, Vernichtung, damit auch deutlich wird, worum es sich handelt: um die Vernichtung von Menschen durch Menschen. In Polen gab es sehr viele Kriegsopfer, aber diese Opfer sind mit denen der Shoah nicht zu vergleichen. Denn in den Konzentrationslagern halfen auch Polen, Letten, Litauer, Ukrainer bei der Vernichtung des jüdischen Volkes. Die Nazis versuchten, die jüdisch-christliche Vorstellung des Lebens auszulöschen. Marc Chagall hat ein Bild gemalt, das den gekreuzigten Jesus in einem Tallit zeigt, in einem Gebetsmantel. Zu seinen Füßen brennt ein Kandelaber, um ihn herum spielen sich Szenen der Gewalt ab: Synagogen stehen in Flammen, jüdische Greise fliehen, in der Hand die heilige Torarolle, die sie retten wollen, Frauen und Kinder, denen das Entsetzen ins Gesicht geschrieben steht. Ich sage immer: In den Todeslagern wurden nicht nur sechs Millionen Juden ermordet, sondern sechs Millionen Mal Jesus. Denn das Denken und die Botschaft Jesu waren größtenteils jüdisch, schließlich stand Jesus in der Tradition der Propheten.

Bergoglio: Das ist eine sehr christliche Überzeugung: In jedem Leidenden ist Jesus. In unserem Leiden ergänzen wir, was an den Leiden Christi noch fehlt.[113]

Skorka: Das ist auch ein talmudischer Gedanke. In der Mischna Sanhedrin heißt es zum Thema Todesstrafe, dass Gott mit dem Täter leidet, an dem sie vollzogen wird.[114] Selbst im Moment der Strafe ist Gott bei ihm. Ich bin also vollkommen Ihrer Meinung.

Bergoglio: In dem Buch, von dem ich eben sprach, habe ich schreckliche Dinge gelesen. Den Juden wurden die Zähne gezogen, man schnitt ihnen das Haar ab und ging sogar so weit, andere Juden für die Erledigung dieser Aufgaben zu selektieren. Sie zwangen sie zur Apostasie, das war eine Art, die Schuld auf sie zu übertragen. Ein satanisches Detail: Nicht mehr die Nazis trugen die Schuld, sondern die Juden selbst. Die Raffinesse und der Hass hinter all dem sind außergewöhnlich.

Skorka: Was sagen Sie zum Verhalten der Kirche in diesen Jahren?

Bergoglio: Vor einigen Jahren wurde Clemens August Kardinal Graf von Galen seliggesprochen, weil er den Nazis entgegentrat. Ich weiß nicht, wie er es anstellte, sein eigenes Leben zu retten, er war ein sehr mutiger Bischof, der von Anfang an das Vorgehen des Nationalsozialismus anprangerte. Pius XI. sprach perfekt Deutsch, und in dieser Sprache schrieb er eine Enzyklika, die, wenn man sie sich heute ansieht, nichts an Aktualität verloren hat. Es ist die, die mit den Worten »Mit brennender Sorge« beginnt. Anfangs gab es vielleicht manchen etwas naiveren Bischof, der nicht glaubte, dass die Situation so schlimm sei. Dasselbe passierte in unserem Land, einige begannen gleich mit den Anklagen, andere brauchten ein bisschen länger, es war ihnen nicht so klar. Als der Vatikan es mitbekam, begann er damit, den Juden Pässe zu besorgen. Nach dem Tod von Pius XII. schickte Golda Meir einen Brief, in dem sie anerkannte, dass er viele Juden gerettet habe. Die Nuntiatur in Italien sitzt in Rom in einem Haus mit Park, Schenkung eines jüdischen Magnaten zum Dank für das Eintreten der Kirche für die Juden. Einige Überlebende gingen sich später beim Papst bedanken. Der Vatikan hat Häuser außerhalb seiner Grenzen, auf italienischem Staatsgebiet, in denen sich viele Juden versteckten. Ich rede vom Positiven. In

Form von Kritik habe ich später gehört, dass die Kirche nicht all das sagte, was sie hätte sagen sollen. Manche sind der Meinung, wenn sie das getan hätte, wäre die Reaktion viel schlimmer gewesen und man hätte niemanden retten können. Um einige Juden schützen zu können – heißt es –, fielen die Erklärungen vorsichtiger aus. Wer weiß, ob wir mehr hätten tun können. Kürzlich haben ernst zu nehmende Historiker, darunter ein Jesuit, erschöpfende Studien dazu veröffentlicht, in denen sie das Handeln der Kirche rehabilitieren.

Skorka: Genau das ist die Frage. Hätte die katholische Kirche mehr tun können? Zu van Galen, dem Bischof von Münster, fällt mir eine interessante Anekdote ein. Sie betrifft Fritz Steinthal, den Rabbiner, der meine Gemeinde gegründet hat. Er war Deutscher und hat die Reichskristallnacht 1938 überlebt, bei der die meisten Synagogen und viele jüdische Geschäfte zerstört wurden. In seinen Memoiren dankt er van Galen und anderen christlichen Priestern dafür, dass sie ihr Leben riskierten, um Juden zu retten. Was Papst Pius XII. und seine Haltung gegenüber der Shoah angeht, lässt sich nur schwer ein abschließendes Urteil fällen. Dafür gibt es zu viele unterschiedliche Meinungen. Da ist einerseits der Brief von Golda Meir, den Sie erwähnt haben, da sind aber andererseits auch viele Autoren, die der Ansicht sind, der Papst habe nicht die wünschenswerte Reaktion gezeigt. Der Jüdische Weltkongress fordert schon seit Längerem, dass die Archive des Vatikans geöffnet werden. Auch ich finde, dass es zum Besten aller wäre, wenn man die Geschichte konsequent erforschen würde, wenn gründlich und immer wieder untersucht würde, wo die

Fehler passiert sind. Nur so kann man verhindern, dass sie sich wiederholen. Selbstkritik ist meiner Überzeugung nach der einzige Weg, der wirklich weiterhilft. Ich kann die theologische Begründung, warum Pius XII. seliggesprochen werden soll, nicht beurteilen, und ich stelle auch nicht in Abrede, dass er ein wichtiger Kirchenführer gewesen sein mag. Aber ich habe einen großen existenziellen Zweifel. Ich frage mich, wie er in dem Moment, in dem er von der Shoah erfuhr, schweigen konnte. Warum hat er seinen Zorn nicht der Welt verkündet? Ein Prophet hätte aufgeschrien. Was wäre geschehen, wenn Papst Pius XII. aufgeschrien hätte? Hätte er das Gewissen der Menschen wachgerüttelt? Hätten sich mehr deutsche Soldaten gegen das Regime erhoben? Ich will hier keine Behauptungen aufstellen, ich versuche nur, mich in die Lage der Leidenden hineinzuversetzen, diejenigen zu vertreten, die keine Stimme mehr haben, so zu sprechen, als würde ich mit ihnen sprechen, mit ihrem Leid. Darf man die einen retten, indem man die anderen im Stich lässt? Nach jüdischem Gesetz nicht. Wenn ein feindliches Heer eine Stadt belagert und die Herausgabe eines Unschuldigen fordert, mit dem Angebot, diesen zu töten und dafür die anderen zu verschonen, dann dürfen die Bewohner sich nicht darauf einlassen, sondern müssen gemeinsam in den Tod gehen. Niemand hat das Recht zu wählen, wer gerettet werden soll und wer nicht.

Bergoglio: Was Sie über die Öffnung der Archive zur Shoah sagen, unterstütze ich vollkommen. Man möge sie öffnen und alles klären. Man möge sehen, ob man etwas hätte tun können, bis zu welchem Punkt man etwas hätte tun können, und wenn wir irgendwo falschgelegen haben, werden wir sagen müssen: »Wir haben uns da geirrt.« Davor darf man keine Angst haben. Die Wahrheit muss das Ziel sein. Wenn man anfängt, die Wahrheit zu verbergen, eliminiert man damit die Bibel. Man glaubt dann zwar an Gott, aber nur bis hierher. Man setzt nicht alles aufs Spiel. Wir dürfen nicht vergessen, wir sind Sünder und können nicht aufhören, das zu sein, wenngleich auch wahr ist, dass Gott uns so liebt, wie wir sind, er liebt uns mit seiner Barmherzigkeit. Doch wenn ich nicht einräume, dass ich ein Sünder war, kommt seine Barmherzigkeit nicht zu mir, erreicht sie mich nicht. Man muss die Wahrheit herausbringen und in die Archive gehen.

Skorka: Ein weiteres strittiges Thema, was die Beziehung zwischen dem Vatikan und dem Judentum betrifft, war die Entscheidung von Papst Benedikt XVI., bestimmten Gemeinschaften wieder zu gestatten, für die Bekehrung der Juden zu beten.

Bergoglio: Das ursprüngliche Gebet war drastisch: »Lasst uns beten für die treulosen Juden …« Auch wenn das lateinische Adjektiv *perfidus* »der keinen Glauben hat, ungläubig« bedeutet, Papst Johannes XXIII. löschte es mit einem Federstrich.

Skorka: Johannes XXIII. hat den Weg hin zu einer Welt des Dialogs beschritten. Begonnen hat er als Nuntius in der Türkei, wo er vielen Juden das Leben rettete, indem er ihnen falsche Taufscheine ausstellte. Als er dann zum Papst gewählt wurde, leitete er einschneidende Veränderungen ein. Johannes XXIII. war ein wahrer Hirte, ein Mann der Tat, der Arbeit, des Dialogs. Einer, der sich wirklich eingesetzt hat. Die Frage ist, ob auch Pius XII. sich wirklich eingesetzt hat, nicht nur für die Juden, sondern für die ganze Welt. Ich würde sogar noch einen Schritt weitergehen und fragen, ob er sich für seine Kirche eingesetzt hat. Es gibt im Leben Momente, in denen man handeln muss. Die damalige Situation war ein solcher Moment. Wenn man in solchen Momenten nicht handelt, wann dann? Das sind die Fragen, über die ich mir den Kopf zerbreche.

Bergoglio: Ich habe oft gehört, dass Johannes XXIII. falsche Taufscheine für Juden ausgestellt haben soll, aber ich habe keine Bestätigung dafür.

Skorka: Es stimmt. In der Raoul-Wallenberg-Stiftung ist alles dokumentiert. Um beide Päpste besser zu verstehen, muss man vielleicht ihre Herkunft näher betrachten. Pius XII. wuchs im Umfeld des Vatikans auf, schon seine Familie war eng mit dem Heiligen Stuhl verbunden. Die Diplomatie war Teil seiner Erziehung, der Glaube, man könne mit Diplomatie alles erreichen. Und umgekehrt: Was nicht mithilfe von Diplomatie gelöst werden konnte, war eben unlösbar. Johannes XXIII. hingegen, der mit bürgerlichem Name Angelo Giuseppe Roncalli hieß, stammte aus einfachen Verhältnissen, aus einem Dorf, in dem es für alle selbstverständlich war, dass man sich ganz pragmatisch half, wenn Not am Mann war. Das genaue Gegenteil von Diplomatie. Vielleicht liegt hier die Antwort, warum die beiden so unterschiedlich waren.

Bergoglio: Ich sage es noch einmal, man müsste lesen, was in den Archiven steht. Ob es ein Fehler in der Einschätzung war oder etwas anderes. Ich habe die konkreten Daten nicht. Bis jetzt schienen mir die Dinge, die ich zugunsten von Pius XII. gesehen habe, stark, aber ich gebe auch zu, dass nicht alle Archive geprüft wurden. Mit dem Übrigen haben Sie recht: Johannes XXIII. blieb bis zum Moment seines Todes ein einfacher Mann vom Land. Noch in der Todesstunde legte seine Schwester ihm kalte Tücher mit Essig auf die Stirn, wie man es auf dem Land tat.

Skorka: Pius XII. war nicht gerade ein Anhänger des jüdisch-christlichen Dialogs. Eher im Gegenteil. Nach dem Zweiten Weltkrieg gab es sogar innerhalb der Kirche Stimmen, die eine Änderung dieser Haltung forderten. Johannes XXIII. leitete diese Veränderung schließlich ein. Als er die Delegation des Jüdischen Weltkongresses empfing, soll er die Arme ausgebreitet und gesagt haben: »Ich bin Josef, euer Bruder.« Er benutzte also die Worte, die der biblische Josef sagte,[115] als er sich mit seinen Brüdern versöhnte. Aber das war natürlich nicht immer so zwischen Christen und Juden. Aus verschiedenen Gründen herrschte meist eine offene Abneigung. Unzählige Bücher dokumentieren, dass es in den vergangenen 2000 Jahren in allen christlichen Kirchen Antisemitismus gab. Manche Priester predigten sogar offen gegen uns. Andere wiederum suchten einen echten, von Respekt geprägten Dialog. Im Laufe der Geschichte traten immer wieder Menschen auf, die das Kreuz verehrten und gleichzeitig zu Pogromen und gewaltsamen Übergriffen gegen Juden aufriefen. Hier in Argentinien wurden in den 1920er und 1930er Jahren dem Katholizismus nahestehende Zeitschriften veröffentlicht, die Hass gegen Juden propagierten. Es ist eine wesentliche Aufgabe dieses Buches, diesen Teufelskreislauf zu durchbrechen und zu den Anfängen zurückzukehren, darauf hinzuweisen, wie viele Gemeinsamkeiten wir haben. Wenn Christen glauben, dass Gott in Jesus Mensch geworden ist, wir aber meinen, dass ein Mensch niemals Gott werden kann, dann ist das noch lange kein Grund für Groll und Hass. Irgendwann werden wir die Wahrheit erfahren, aber bis dahin können und müssen wir zusammenarbeiten. Wir haben ein gemeinsames ethisches Fundament. Was die Evangelien sagen und was der Talmud sagt, ist leicht in Übereinstimmung zu bringen. Der Antisemitismus hatte oft wirtschaftliche und politische Gründe. Als in Russland Zar Alexander II. ermordet wurde, schob man die Schuld den Juden zu. Die Kirchen wurden zu politischen Zwecken missbraucht, um die Massen zu manipulieren. Das steht alles außer Frage. Jetzt gilt es, an den Anfang zurückzukehren. Wenn wir beide das Gleiche wollen, nämlich eine friedliche Welt, muss jeder sich auf das Beste seiner Tradition besinnen und an der Seite des anderen voranschreiten. Wir können uns gegenseitig stärken. Die Antrittsvorlesung, die Abraham Joshua Heschel am *Union Theological Seminary* hielt, einer Institution der protestantischen Kirche in New York, hatte den Titel: »Keine Religion ist eine Insel.« Wir dürfen nicht im Zwist liegen, nicht getrennte Wege gehen wie bis zum Zweiten Weltkrieg. Wir müssen eine gemeinsame Botschaft vertreten, die sich an alle richtet, nicht um den jeweils anderen zu bekehren, sondern um uns einander anzunähern.

Bergoglio: Es gibt einen Schlüsselsatz des Zweiten Vatikanischen Konzils, er besagt, dass Gott sich allen Menschen kundgetan hat, und an erster Stelle nennt er das Volk, das Träger der Verheißungen ist. Und da Gott seine Versprechen hält, wurde es nicht verstoßen. Die Kirche erkennt offiziell an, dass das Volk Israel weiterhin Träger der Verheißungen ist. In keinem Moment sagt sie: »Ihr habt das Spiel verloren, jetzt sind wir an der Reihe.« Das ist eine Anerkennung des Volkes Israel. Das ist, denke ich, das Couragierteste, was das Zweite Vatikanische Konzil zu diesem Thema aussagt. Zudem kann man das jüdische Volk nicht des Gottesmordes beschuldigen, wie es lange Zeit geschehen ist. Wenn man die Passionsgeschichte liest, ist das ganz klar. Das ist, als klagte man das ganze argentinische Volk für die Amtsführung einer bestimmten Regierung an.

Skorka: Außerdem lag die Regierungsgewalt damals gar nicht bei den Juden, sondern bei Pontius Pilatus und den Römern. Auf dem Kreuz Jesu stand die Inschrift INRI: »Jesus von Nazareth, König der Juden.« Und als König der Juden stellt er die römische Autorität infrage. Außerdem war bei den Juden die Kreuzigung nicht das Mittel der Wahl, wenn die Todesstrafe ausgesprochen wurde. Es war sogar so, dass der Sanhedrin[116] die Todesstrafe nicht mehr verhängte. Und wenn, hätte er niemals angeordnet, sie ausgerechnet an Pessach[117] zu vollstrecken. Und selbst wenn der eine oder andere Jude damals tatsächlich gesagt haben sollte, Jesus sei nicht der Sohn Gottes: Wer hat das Recht, späteren Generationen vorzuwerfen, was ihre Väter getan haben?

Bergoglio: Nein, man kann wirklich nicht von einem gottesmörderischen Volk sprechen. Doch ich möchte nicht ein Thema übergehen, über das wir zu reden begonnen hatten. Sie haben gesagt, dass es auch in Argentinien kirchlichen Antisemitismus gab – und gibt. Ich habe nicht die Erfahrung von Johannes Paul II. gemacht, in dessen Klasse die Hälfte der Mitschüler jüdisch war, aber ich habe und hatte jüdische Freunde. Manchen davon habe ich gelegentlich »El Ruso«[118] gerufen, wie man es viel tat, als wir Kinder waren. Ich hatte nie mit einem von ihnen Probleme. Wohl gab es katholische Antisemiten, und die gibt es auch heute noch. Nicht mit der Virulenz der 1930er Jahre, als einige Geistliche diese Linie vertraten. Heute ist die Politik der argentinischen Kirche klar: interreligiöser Dialog. Es ist zu sagen, dass die Vorreiter in dieser Richtung die Kardinäle Jorge Mejía und Antonio Quarracino waren.

Skorka: Jorge Mejía arbeitete eng mit Marshall Meyer zusammen. Gemeinsam gründeten sie das *Instituto Superior de Estudios Religiosos*.[119] Und an Quarracinos Grab in der Kathedrale von Buenos Aires steht ein Mäuerchen mit Teilen von hebräischen Gebetbüchern und anderen Zeugnissen der Shoah, die aus verschiedenen Todeslagern gerettet wurden. Quarracino selbst hat dieses Mäuerchen in Auftrag gegeben.

Bergoglio: Es gab einigen Druck gewisser Gruppen, diese Dinge abzubauen und ins Museum der Kathedrale zu überführen. Aber ich habe nicht nachgegeben, und es blieb dabei.

25. Über die Siebzigerjahre

Skorka: Die Haltung der jüdischen Organisationen während der Militärdiktatur, insbesondere die der Dachorganisation DAIA,[120] kann man durchaus kritisch betrachten. Andererseits traten in dieser Zeit das Konservative Judentum und Marshall Meyer auf den Plan, der sich für die Verschwundenen starkmachte. Meyer selbst sagte immer, es sei ein einsamer Kampf gewesen. Wo immer er konnte, mischte er sich ein. Als Zeichen der Anerkennung berief ihn Raúl Alfonsín, der erste demokratische gewählte Präsident, in die *Conadep*.[121] Marshall Meyer berichtete uns damals, wie sehr ihn die Zeugenaussagen zu dem Horror jedes Mal bis ins Mark getroffen hätten. Ich erinnere mich noch, wie er und eine Gruppe junger Rabbiner, die wir alle seine Schüler waren, während der Diktatur eine Petition unterzeichnen wollten, in der die Befreiung von Jacobo Timerman[122] gefordert wurde. Und wie die DAIA sich dem verweigerte, sodass die Petition nie veröffentlicht wurde. Es ist sehr schwierig, von heute aus die Haltung der Führungsriege zu beurteilen. Wie Sie schon sagten: Man muss die Ereignisse aus dem Kontext der Zeit heraus betrachten, der wirtschaftlichen und politischen Umstände. Man kann niemandem so einfach vorwerfen, dass er zu feige war, zu wenig edelmütig, zu wenig engagiert. Wenn aber jemand in solcher Zeit in einer Gemeinde ein hohes Amt innehat und schweigt, dann muss er sich hinterher kritische Fragen gefallen lassen. Es gibt Momente, da muss man Farbe bekennen oder zurücktreten. Damals wurde der Sohn von Nehemías Resnizky, dem Präsidenten der DAIA, entführt. Man munkelt, dass es einen Pakt mit den Militärs gegeben hat, damit er wieder freikam. Was damals geschah, muss gründlich erforscht werden, auch das, was die DAIA getan oder nicht getan hat. Ich will niemanden vorverurteilen, ich sage nur, dass es damals Leute gab, die sich auf Grundlage derselben Informationen anders verhielten: Marshall Meyer zum Beispiel. Er handelte entschlossen, dabei war er nicht einmal argentinischer Staatsbürger, sondern US-Amerikaner. Er füllte die Rolle eines wahren Propheten aus. Ich erinnere nur an die Reden, die er am Obelisken[123] gehalten hat, sein Eintreten für die Menschenrechte, sein vorbildliches Engagement. Marshall Meyer hat allen die Tür geöffnet; er und alle in seinem Umkreis versuchten, dem Ganzen Einhalt zu gebieten; alle waren wir mehr oder weniger stark engagiert. Einen seiner Schüler, Felipe Yafe, schickte er zur Conadep von Córdoba; ich hatte kurz vor Ende der Diktatur eine Fernsehsendung namens *Dios es mi descanso*,[124] in der ich mich für die Demokratie und andere Dinge einsetzte, die dem Regime nicht genehm waren. Es gibt Leute, die die Direktion der DAIA in Schutz nehmen, aber es gibt Wahrheiten, die man nicht leugnen kann: die vielen Familienangehörigen von Opfern, die die DAIA kritisieren; der Widerstand, den Marshall Meyer leistete, die jüdischen Organisationen aber nicht. Was er geleistet hat, wirft ein Schlaglicht auf das Versagen der Führungsriege.

Bergoglio: Der Fall der katholischen Kirche liegt aufgrund der historischen Beziehung, die sie zum Staat unterhielt, komplexer. Die Kirche hat von Anfang an dem vermittelnden Auftreten bei den offiziellen Stellen den Vorzug vor öffentlichen Erklärungen gegeben. Obgleich es die auch gab und schon bald nach dem Militärputsch: In dem Buch,[125] das anlässlich des 25. Jahrestages des Dokuments *Iglesia y comunidad nacional* (dt. »Kirche und nationale Gemeinschaft«) herausgegeben wurde, geht es im 3. Kapitel (S. 625–728) um die Menschenrechte, und es werden die Erklärungen schon vom Mai 1976 erwähnt. Es gab Bischöfe, die sofort begriffen, was los war, der bekannteste Fall ist der von Monseñor Zazpe, der erfuhr, dass der Intendant von Santa Fe brutal gefoltert wurde, und schnell tätig wurde. Andere, die es ebenfalls sofort begriffen und kämpften, waren höchst verdienstvolle Männer wie Miguel Hesayne, Jorge Novak, Jaime de Nevares. Es gab auch Methodisten wie Aldo Etchegoyen. Das waren Leute, die sich voll und ganz für die Menschenrechte einsetzten, die redeten, aber auch handelten. Andere taten viel, ohne so viel zu reden, sie retteten jedoch Menschen; sie gingen in die Kasernen, stritten mit den Befehlshabern. Zu jener Zeit war ich 39 Jahre alt und war seit 1973 Provinzial der Jesuiten. Ich bekam nur sehr partiell mit, was vor sich ging, denn das ist etwas ganz anderes, als ein Diözesanbischof zu sein. Genau am 24. März 1976 zog ich um – ohne zu wissen, was an jenem Tag geschehen würde,[126] wenn ich auch ahnte, was heraufzog; die Kurie lag in der Straße Bogotá auf der Höhe 300, und wir hatten im Jahr zuvor beschlossen, sie ins Colegio Máximo in San Miguel umzuziehen. Dieses Datum hatten wir zufällig festgelegt; während wir also die Möbel schleppten, versuchte das Land die neue Situation zu erfassen. Sogar die Polizei kam mitten im Umzug und fragte uns, was los sei. An diesem Ort in San Miguel wurde vielen Menschen geholfen. Dort wurden Exerzitien veranstaltet, und dort war die Fakultät für Philosophie und Theologie, es gab über 200 Zimmer. Manche blieben dort mehrere Tage lang versteckt. Später machten sich einige auf eigene Faust auf den Weg, und andere warteten, bis irgendwer sie außer Landes bringen konnte oder sie sicherere Verstecke fanden. Dort konnte ich sehen, was passierte. Was tat die Kirche in jenen Jahren? Sie tat das, was ein Organismus tut, der Heilige und Sünder hat. Es gab auch Menschen, die beide Eigenschaften in sich vereinten. Manche Katholiken täuschten sich, andere legten sich voll und ganz ins Zeug. Es gab Katholiken, die die Aktionen mit dem Argument rechtfertigten, man müsse gegen den Kommunismus vorgehen. Eine Sache, die sehr verwirrte und erschreckte, war, wie sich die Guerilla in Tucumán aufgestellt hatte. Das brachte die Präsidentin Isabel Perón dazu, jenes berühmte Dekret zu unterzeichnen,[127] mit dem die Vernichtung der Guerilla angeordnet wurde. Auch die Terroranschläge sorgten für viel Angst. Ich erinnere mich an das schmerzliche Blutbad an Rekruten in Formosa. Daraufhin sagten einige, diese Personen dürften nicht länger leben. Die Gräueltaten, die während der Militärdiktatur verübt wurden, drangen tröpfchenweise an die Öffentlichkeit, für mich ist das einer der größten Makel, die auf unserem Vaterland lasten. Doch das rechtfertigt keinen Groll, mit Hass löst man das nicht. Wir dürfen auch nicht naiv sein: Dass viele Leute, die ihre Kinder verloren haben, diese Art von Gefühlen hegen, ist völlig nachvollziehbar, denn sie haben Fleisch von ihrem Fleisch verloren und haben keinen Ort, an dem sie sie beweinen können. Noch heute wissen sie nicht, was ihnen geschehen ist, wie oft sie gefoltert wurden, wie sie getötet wurden. Wenn eine der Gruppen der Mütter von der Plaza de Mayo kritisiert wird, bitte ich immer zuerst darum, man möge sich in die Haut dieser Frauen versetzen. Sie verdienen es, respektiert und begleitet zu werden, denn das war etwas Schreckliches. Um zu resümieren: In der Kirche gab es Christen beider Seiten, Christen, die in der Guerilla starben, Christen, die halfen, Leute zu retten, und an der Repression beteiligte Christen, die glaubten, sie retteten das Vaterland. Es gab Kleriker unterschiedlicher Abtönungen; die Bischofskonferenz vermittelte vertraulich, und das in vielen Fällen. Sie gab öffentliche Erklärungen ab. Ich bin mit Ihnen einer Meinung, dass viel geforscht werden muss. Man darf auch nicht glauben, dass es eine einfach zu bestimmende Komplizenschaft gab.

Skorka: Meiner Ansicht nach ist die entscheidende Frage: Was taten diejenigen, die hohe Ämter bekleideten? Die damals den Gemeinden vorstanden? Die DAIA besaß eine moralische Macht, weil sie die Juden repräsentierte. Aber eine reale Macht besaß sie nicht. Ich selbst habe damals in einzelnen Fällen herauszufinden versucht, was mit bestimmten Personen geschehen war, aber alle Türen, an die ich klopfte, blieben verschlossen. Ich war noch sehr jung, verfügte kaum über Kontakte. Trotzdem, ich bestehe auf der Frage: Taten diejenigen, die Führungspositionen innehatten, wirklich alles, was sie hätten tun können? Ich spreche nicht nur von der Kirche, ich spreche von allen, die im damaligen Argentinien Macht besaßen. Hatten sie womöglich Angst, sie zu verlieren? Warum wehrten sie sich nicht gegen die neuen Strukturen? Ich denke dabei an diejenigen, die sehr wohl an Türen hätten klopfen können und es nicht getan haben; die den Militärs hätten sagen können, dass auch sie sich bei ihrem Kampf gegen den Terrorismus an das Recht zu halten hatten, dass sie nicht einfach Leute verschwinden lassen durften, dass dies Gräueltaten waren.

Bergoglio: Auf dieser von Ihnen genannten Linie handelte die chilenische Kirche während der Militärregierung von Augusto Pinochet. Dort wurde das Vikariat der Solidarität[128] geschaffen. Sie schlugen einen entschlossenen Weg ein. Wie ich schon sagte, bei uns wurden hier Erklärungen abgegeben, da wurde die vertrauliche Vermittlung akzentuiert, und das gab allen Arten von Spekulationen Raum. Ich musste zum Beispiel in dem Buch *El jesuita* (dt. Der Jesuit) die Anschuldigungen klären, die in den Fällen zweier Priester gegen mich erhoben wurden.

26. ÜBER EINIGE GESCHICHTLICHE THEMEN: DIE EROBERUNG LATEINAMERIKAS, DEN SOZIALISMUS UND DEN PERONISMUS

Bergoglio: Wenn man von der Beteiligung der Kirche an der spanischen Eroberung spricht, muss man bedenken, dass der amerikanische Kontinent keine harmonische Einheit ursprünglicher Völker war, sondern dass das Reich der Stärksten über die Schwächeren herrschte. Sie lebten bereits im Krieg. Das war eine Realität, es gab Völker, die von den Stärkeren, den weiter Entwickelten, wie zum Beispiel den Inkas, unterjocht waren. Die historische Interpretation muss man gemäß der Hermeneutik der Epoche vornehmen; sobald wir eine aus dem Zusammenhang gerissene Hermeneutik verwenden, verzerren wir die Geschichte und verstehen sie nicht. Wenn wir die kulturellen Kontexte nicht studieren, kommen wir zu anachronistischen, unpassenden Deutungen. So wie bei den Kreuzzügen. Heutzutage verstehen wir sie nicht, aber es gab eine Zeit, in der getötet wurde, in der man die Seldschuken aus den heiligen Stätten Jerusalems warf … Als die Katholiken Konstantinopel plünderten und zerstörten: Welche theologische Erklärung kann man dafür geben? Es ist eine große Sünde, aber kulturell betrachtet machte man das damals so. Das weist auf die Bestialität hin, die manchmal in uns steckt. Damals herrschte eine Auffassung, den Glauben in die Welt zu tragen, die mit der Sünde des Eroberers einherging: Der Glaube wurde durchgesetzt, selbst indem man Köpfe abschlug. Wir können die Geschichte nicht von einem ethischen Purismus aus analysieren. Leider war die Geschichte immer so, mit Glauben und ohne. Und das sollte uns Menschen beschämen. Zu jener Zeit koexistierten Glaube und Schwert. Eine historische Analyse muss man immer nach den Maßgaben der Epoche durchführen, gemäß ihrer Hermeneutik; nicht um die Geschehnisse zu rechtfertigen, sondern um sie zu verstehen. Es ist unabkömmlich, die Geschichte im kulturellen Kontext der Zeit, in der die Ereignisse geschahen, zu analysieren. Von heute aus zum Beispiel Isaaks Opferung durch seinen Vater Abraham zu überdenken, führt zum Unverständnis. Man muss es gemäß den Auffassungen und Praktiken von damals studieren. Wichtig ist außerdem, die Gesamtheit der historischen Prozesse zu analysieren und nicht bei der Interpretation eines Bruchstücks zu bleiben, denn dieses Fragment wird später verallgemeinert, nimmt den Platz der Gesamtheit ein und wird zur Legende. So wie auf die Missbräuche der Spanier hingewiesen wird – denn sie kamen offensichtlich in diese Länder, um ihren Reibach zu machen und das Gold mitzunehmen –, gab es auch in der Zeit der Eroberung Kirchenmänner, die sich dem Predigen und dem Helfen verschrieben hatten, wie Bartolomé de las Casas, der Verteidiger der

Indios gegen die Ungerechtigkeiten der Eroberer. Fast alle diese Kirchenvertreter waren sanfte Männer, die sich annäherten und versuchten, den Indios Würde zu verleihen. Sie mussten sich mit anderen Bräuchen auseinandersetzen wie Polygamie, Menschenopfer, Alkoholismus. Den Mate-Tee erfanden die Jesuiten in den Reduktionen, um die Indios von einer Abhängigkeit – Alkohol, Chicha – auf etwas anderes zu lenken, das nicht schädlich war, sie aber auch antrieb. Viele Kirchenmänner, die keine Kompromisslösungen mit der ausbeuterischen zivilen Macht eingehen wollten, legten sich für die Förderung sehr ins Zeug. Roque González de Santa Cruz beispielsweise, ein heiliger Jesuit, stritt mit seinem Bruder, der so etwas wie der Gouverneur der Stadt Asunción war, weil er der Versklavung der Indios nicht zustimmen wollte. Es gab eine Verteidigung der Indios durch Kirchenmänner. Die Jesuiten-Reduktionen sind ein Beispiel für die Förderung des Menschen.

Skorka: Zur Eroberung Lateinamerikas gibt es von jüdischer Seite nicht viel zu berichten. Zu erwähnen wären vielleicht die Kryptojuden,[129] die den Weg an den Rio de la Plata gefunden haben. 1810 erging ein Erlass des Inquisitionsgerichts von Lima, alle des Kryptojudentums Verdächtigen auszuliefern. Untersucht wurde dieses Thema von dem polnischstämmigen Historiker Boleslao Levin. Eine Rolle in Politik und Gesellschaft spielten Juden erst seit der Einwanderungswelle ab 1880, als sich mit der Hilfe von Barón Hirsch im Landesinneren Agrargemeinschaften bildeten, z. B. Moisesville oder Mauricio. Die Siedler erfüllten damit ein Ideal von Juan Bautista Alberdi, der sich, wie in seinem Buch *Las bases* (1852) beschrieben, für eine europäische Einwanderung aussprach. Gesellschaftlich bemerkbar machte sich der jüdische Einfluss zunächst in den Wissenschaften und in der Literatur. Ich denke dabei an Persönlichkeiten wie Alberto Gerchunoff, Bernardo Verbitsky oder César Tiempo. Oder große Ärzte. Politisch meldeten sich die Juden erst nach der zweiten Einwanderungswelle ab 1910 zu Wort. Die Menschen aus der Türkei und aus Osteuropa brachten damals sozialistische Ideen ins Land. Deshalb war der Anteil von Juden in der Politik auch so hoch, insbesondere in den Arbeiterbewegungen, in der Sozialistischen Partei – erinnert sei nur an die Brüder Dickman – und auch in der Kommunistischen Partei. Daneben gab es Anarchisten wie Simón Radowitzky, der den Anschlag auf den Chef der Bundespolizei Ramón Falcón verübte. Schließlich schlossen sich auch viele Juden dem Kampf gegen den Nationalsozialismus an. Ich spreche hier von der jüdischen Kultur im Allgemeinen, denn wie Sie wissen, ist das Judentum eine Weltanschauung, ein Wertesystem, das heißt, nicht alle Juden sind religiös. Zur damaligen Zeit waren der kulturelle Antrieb die Ideen, die die Einwanderer aus Europa mitbrachten, wo sie sich politisch organisiert hatten. Wir sprechen von den 1920er und 1930er Jahren, als es eine starke zionistische Strömung gab, die die sozialistischen Ideen ins Land der Väter tragen wollte. Es gab aber auch eine andere Strömung, die Bundisten etwa, die ebenfalls sozialistisch geprägt waren, aber für eine Internationalisierung des jüdischen Volkes eintraten. Jedenfalls brachten beide Strömungen sozialistisches Gedankengut in die argentinische Politik ein. Was Perón und sein Verhältnis zum Judentum angeht, muss vieles noch näher untersucht werden. Feststellen lässt sich schon einmal, dass er einerseits viele Nazis ins Land ließ, Wissenschaftler wie Mörder, aber andererseits 1949 den Staat Israel anerkannte und ein gutes Verhältnis zur jüdischen Gemeinschaft suchte. Amram Blum, der Rabbiner, der der Großen Synagoge in der Pasostraße vorstand, war ein enger Vertrauter Peróns. Damals wurde auch die *Organización Israelita Argentina* gegründet, die sich sehr stark mit dem Peronismus identifizierte. Die DAIA wiederum hielt sich eher fern von Perón. Es war das einzige Mal, dass es innerhalb der jüdischen Gemeinschaft zu einer Spaltung kam. Man darf nicht vergessen, dass die 1930er und 1940er Jahre für Juden eine harte Zeit waren. Die Kirche predigte damals von der Kanzel herab gegen unsere Gemeinschaft. Innerhalb der Kirche hatten – anders als heute – nationalistische und antisemitische Gruppierungen das Sagen.

Bergoglio: Es war eine Hochzeit des Nationalismus, der das Katholische auf ungerechte Weise vereinnahmte. Heute gibt es auch Zeitschriften, die von Ultranationalisten herausgegeben werden und in denen man mich der Häresie beschuldigt, weil ich einen Dialog mit anderen Gruppierungen führe. Aber ich möchte die soziale Dimension, die die europäischen Juden mitbrachten, mit einer Anekdote unterstreichen: Eines Tages kam ein alter Mann zu mir. Er stellte sich vor und sagte, er käme, um im Namen der Rentner mit mir zu sprechen. Es war Don Julio Liberman, der ehemalige Vorsitzende des Nähergremiums aus der Zeit von Perón. Er war Kommunist, Argentinier, der Sohn polnischer Eltern. Als kleiner Junge war er nach Polen zurückgekehrt, kam jedoch hierher zurück, um den Militärdienst zu leisten, und blieb dann. Wir begannen zu reden, und er war mir sehr sympathisch, vor allem hatte er eine großartige Haltung; immer wieder trafen wir uns zum Gespräch. Einmal sagte er mir, er wolle ehrlich mit mir sein, er sei nicht gläubig. Er gehörte dieser Gruppe sozialistischer Juden an, die Sie erwähnt haben. Er war 92 Jahre alt. Und ein kämpferischer Jude, derart, dass er, als er sein Gremium aus Altersgründen verließ, weiter für die Rentner eintrat. Der soziale Kampf, den diese sozialistischen Juden mitbrachten, hat viel Gutes getan, er rüttelte das soziale Gewissen der Argentinier auf. Ich vermute, dass die meisten nicht gläubig waren, wie Don Julio es mir sagte.

Skorka: Nein, das waren sie wohl nicht. Aber es ist extrem schwierig, genau zu unterscheiden, wo der Glaube aufhört und die Ideologie beginnt. Man könnte natürlich sagen, dass all diese Juden deshalb Sozialisten waren, weil sie aus einfachen Verhältnissen stammten, weil sie am eigenen Leib gespürt haben, was soziale Ungerechtigkeit ist und was es heißt, bedürftig zu sein. Andererseits gab es auch Menschen, die unter denselben Bedingungen aufwuchsen und keine Sozialisten wurden. Gleichzeitig frage ich mich, inwieweit bei denen, die mit Gott im Zwist lagen, nicht doch die sozialistischen Ideen der Bibel eine Rolle gespielt haben, die Aufrufe der Propheten wie Amos, Jeremia und Jesaja, im Namen Gottes für mehr soziale Gerechtigkeit zu sorgen. Und ich frage mich auch, ob sie tatsächlich mit Gott im Zwist lagen oder nicht vielmehr mit den religiösen Strukturen.

Bergoglio: Ganz genau, im Fall der Sozialisten mit katholischen Wurzeln, die sich von der Religion abwandten und für die sozialen Rechte kämpften, gab es im Allgemeinen Konflikte mit der religiösen Struktur, mit Formen, den Glauben zu leben, wo manche Gläubige, statt Brücken zu sein, zu Mauern wurden. Sie werden zu einem Hindernis ihres eigenen Glaubens, weil sie ihn zu ihrem eigenen Nutzen verwenden, für ihre eigene Ideologie oder nur, um es bequem zu haben. Als negative Beispiele können wir einige zeitweilige enge Verbändelungen von Sektoren der katholischen Kirche mit der Macht nennen. Ein anderer Defekt ist die Wohltätigkeit in der Art, wie Susanita aus dem Comic Mafalda sie praktiziert: »Ich gebe eine Canasta-Teeparty mit vielen Sandwiches, Törtchen und anderen Leckereien, um dann Polenta, Nudeln und all dieses fiese Zeug kaufen zu können, das die Armen essen.« Diese Wohltätigkeit ist weder christlich noch sozial und weit entfernt vom Glauben. Ich gehe von dem aus, was Sie gesagt haben: Wenn heute ein Geistlicher Amos predigen würde, in die heutige Sprache übersetzt, damit es verstanden wird, würde man ihn als Kommunisten und Drittweltler behandeln, man würde kaum weniger, als ihn ins Gefängnis zu stecken, versuchen. Das Wort Gottes ist bezüglich der sozialen Gerechtigkeit viel stärker als das, was wir tun oder sagen können oder was unsere Gemeinschaften hinnehmen. Eindrucksvoll, oder? In den 1970er Jahren gab es von allem etwas, auf jeden Fall florierte damals das soziale Engagement. In jener Zeit konnte ein Geistlicher keinen Wohltätigkeits-Stil nach Art von Susanita pflegen, er musste Seite an Seite mit den Bedürftigen stehen. Nur verfiel man in einigen Fällen der Gefahr der Ideologisierung. Es gab Geistliche, die später das Priesteramt niederlegten oder außerhalb der gesunden Entwicklung der Kirche blieben und Repression durch das Establishment erlitten. In jenen Jahren gab es Aufstände von Geistlichen in Rosario, in Mendoza, wo sich das Disziplinäre mit dem Religiösen und Sozialen vermischte. Etwas anderes ist die Strenge der Propheten. Es gibt viele Beispiele aus den ersten Jahrhunderten des Christentums wie die Homilien des heiligen Johannes Chrysostomus. Wollte ein Geistlicher sie heute vortragen, wäre die Hälfte der Gemeinde entsetzt, weil sie – eben so, wie es die Propheten taten – die Dinge beim Namen nannten. Die Kirche bewies immer soziales Engagement. Man muss sich nur die Ordensgemeinschaften in Argentinien ansehen, sie unterhielten Waisenhäuser, Schulen, Krankenhäuser. Es waren religiöse Männer und Frauen, die sich dem sozialen Dienst verschrieben hatten. Die Geistlichen, die die Arbeit mit den Ausgegrenzten aufnahmen, waren keine Neuheit der 1970er Jahre, bereits bei der Gelbfieberseuche von 1870 starben 68 Nonnen, die Kranke pflegten. Später begannen sich die Laien der sozialen Hilfe in Form von Wohltätigkeitsgesellschaften anzunehmen. Besondere Erwähnung verdient die Stiftung Eva Perón. Als Evita einen Weg der sozialen Verpflichtung vorschlägt, zuerst im Arbeitsministerium, später in ihrer Stiftung, kommt es zu einem Konflikt mit der alteingesessenen Wohltätigkeitsgesellschaft des Establishments, denn sie bringt das Neue, sie bringt mehr soziale Integration. Beachten Sie, dass die Kirche sich zu Beginn nicht gegen Perón stellte, der eine große Nähe zu manchen Klerikern hatte. Perón wollte Elemente der Soziallehre der Kirche verwenden und baute viel davon in seine Bücher und Entwürfe ein. Einer der Männer, der ihn mit diesen Elementen versorgte, war Bischof De Carlo von Resistencia. Er war eng mit dem Paar befreundet und half ihnen, einige ihrer sozialen Bücher zu schreiben. Er arbeitete viel mit ihnen zusammen, sogar in solchem Maße, dass die peronistische Regierung ihm am Kreisverkehr an der Einfahrt nach Resistencia ein Seminar baute. Jedes Mal, wenn Perón dort hinfuhr, sprach er vom Balkon des Seminars aus zum im Kreisel versammelten Volk. De Carlo beäugte man ein wenig schräg, man warf ihm vor, sehr in die neue Politik involviert zu sein. Er war ein großer Bischof, er sagte, er habe nie über sein Gewissen verhandelt, und das ist die Wahrheit. Es gibt eine interessante Anekdote dazu. Bei einem dieser Besuche in Resistencia sagte Perón zu seinen Zuhörern, dass er eine Verleumdung aufklären wolle: »Es heißt, Bischof De Carlo sei Peronist. Das stimmt nicht – Perón ist ein Anhänger von De Carlo.« Zu Beginn gab es Unterstützung für Perón innerhalb des Christentums, um den sozialen Weg zu verdeutlichen. Nun gab es neben jenem Sektor noch einen anderen, liberaleren, der die antiperonistische Strömung versammelte. Das sind diejenigen, die sich der Unión Cívica Radical, der Konservativen Partei und dem sozialistischen Kern anschlossen und bei der Wahl gemeinsam die Demokratische Union stellten. Anfangs blieb die Kirche mit Peróns Regierung verbunden, erreichte sogar einiges, wie den Religionsunterricht, mal ganz abgesehen davon, ob das gut oder schlecht ist. Nach Evitas Tod begann die Distanzierung. Vielleicht wusste der hohe Klerus nicht gut mit den Umständen umzugehen, jedenfalls mündete der Konflikt in der Konfrontation von 1954. Ich erinnere mich, dass ich als junger Mann in einem Zeitungsartikel las: »Die Señores und Monseñores vom gut gedeckten Tisch«. Das war der erste Angriff. Von da an nahm die gegenseitige Konfrontation ihren Lauf, bei der unschuldige Leben getötet wurden. Der nationalistischen Gruppierung der Streitkräfte waren die Zivilisten auf der Plaza de Mayo egal, und sie schickten ihre Flugzeuge mit dem unglaublichen Spruchband »Christus siegt«. Das ekelt mich an, es macht mich wütend, es empört mich, denn so benutzt man den Namen Christi für eine rein politische Aktion. Religion, Politik und purer Nationalismus vermischen sich. Unschuldige Menschen wurden ohne Not getötet. Und ich akzeptiere das Argument nicht, dies sei zur Verteidigung der Nation geschehen, denn man kann das Volk nicht verteidigen, indem man das Volk tötet. Doch es wäre zu einfach zu sagen, dass die Kirche Perón nur unterstützt oder sich ihm nur widersetzt habe. Die Beziehung war sehr viel vielschichtiger, war es und wurde es: Zuerst gab es Unterstützung, dann eine zu enge Verstrickung einiger Anführer und zuletzt eine Konfrontation. Schön vielschichtig wie der Peronismus. Noch eines möchte ich gern klarstellen. Wenn – vor allem in den Printmedien – auf »die Kirche« gezeigt wird, so sind die Bischöfe, die Priester, die Hierarchie gemeint; doch die Kirche ist das ganze Volk Gottes. Und zu jener Zeit waren diejenigen, die später »cabecitas negras« (dt. Schwarzköpfchen) genannt wurden, noch überzeugte Katholiken und überzeugte Peronisten, ungeachtet dessen, dass die Regierung die Kirchen niederbrennen wollte.

27. ÜBER DEN ARABISCH-ISRAELISCHEN KONFLIKT UND WEITERE KONFLIKTE

Skorka: Wenn die Welt über den israelisch-arabischen Konflikt spricht, dann meist nur über das letzte Kapitel, der historische Prozess hingegen wird ausgeblendet. Ich halte es für unbedingt erforderlich, dass die Spirale der Gewalt sofort gestoppt wird. Oder wie Anwar as-Sadat[130] bei seinem Israelbesuch sagte: »Wir werden viel streiten, aber es wird keinen Krieg mehr geben.« Die Waffen müssen schweigen, wir müssen einen Weg finden, wie wir friedlich zusammenleben können. Während auf der einen Seite Israelis ihre Opfer beweinen und auf der anderen Palästinenser im Gazastreifen unter unwürdigen Bedingungen leben müssen, nutzen verschiedene Gruppen die Situation aus: schäbige Akteure auf den internationalen Finanzmärkten, wo ein Barrel Öl mehr wert ist als ein Menschenleben, aber auch Fundamentalisten, die aus dieser Art von Konflikten ihren Vorteil ziehen. Iran zum Beispiel braucht diesen Konflikt, um über die Hisbollah seinen Einfluss auf Syrien und den Libanon und über die Hamas auf Gaza auszuüben. Es träumt von einem neuen »Persischen Großreich«, will die Schiiten rehabilitieren und alle unter das Joch ihres theokratischen Regimes beugen. In Israel gab es einmal eine große Friedensbewegung, die auf Hebräisch *Schalom Achschaw* hieß, *Peace Now*. Leider gab es auf der Gegenseite kein Pendant, jedenfalls habe ich nie eine Versammlung von 200 000 Palästinensern gesehen, die »Lasst uns Frieden schließen« riefen. Als Ehud Barak[131] sich damals mit Jassir Arafat traf, wollte er auf alle Forderungen eingehen, die der Palästinenserführer stellte. Sogar einen Teil Jerusalems wollte er preisgeben, was für ihn äußerst riskant war, denn für die israelische Rechte und überhaupt für viele Juden ist Jerusalem einzig und unteilbar. Muslime beten in Richtung Mekka, wir in Richtung Jerusalem. Trotzdem war Barak bereit, einen Teil Jerusalems der Verwaltung eines irgendwie gearteten palästinensischen Staates zu übergeben. Statt zu einer Einigung gelangen zu wollen, stellte Arafat immer neue Forderungen, sodass am Ende alles im Sand verlief. Barak kehrte nach Israel zurück und musste zurücktreten, weil er keinen Frieden hatte schaffen können. Arafat hingegen wurde bei seiner Rückkehr gefeiert wie ein Held. Natürlich müssen die Palästinenser ihren eigenen Staat erhalten, schließlich fühlen sie sich als Palästinenser. Wenn sie ihn dann haben, wird Israel endlich einen echten – so Gott will demokratischen – Ansprechpartner haben. Das jüdische Volk sehnt sich zutiefst nach Frieden. Am Ende von Kapitel 19 im Buch des Propheten Jesaja findet sich eine beeindruckende Stelle. Dort heißt es, dass ein Bund zwischen Ägypten, Israel und Assur – dem heutigen Syrien – geschlossen werden wird, zum Segen für die ganze Erde.[132] Man muss die Diskussionsgrundlage ändern. Statt »schändliche Politik« zu betreiben, wie ich es nennen würde, müsste man wahre Größe zeigen. Viele, die sich auf die Religion berufen, verkehren sie geradezu in ihr Gegenteil. Im Namen Gottes wird getötet, wir haben dies in unserem Gespräch bereits mehrfach erwähnt. Im Namen Gottes werden Schandtaten begangen. Sie wiesen zum Beispiel auf das Massaker 1955 auf der Plaza de Mayo hin. Nichts anderes geschieht gerade im Mittleren Osten. Ändern lässt sich die Situation nur, wenn beide Seiten Größe zeigen. Wenn der eine dem anderen nicht das letzte Stück Brot wegnehmen und der andere den einen nicht vernichten will, nur weil es ihm besser geht. Warum machen wir aus dem Gazastreifen nicht ein Hongkong des Nahen Ostens? Warum machen wir es nicht zu einem Ort, an dem die Menschen gut leben können? Jeder hat ein Anrecht auf ein gutes Leben, ein Israeli genauso wie ein Palästinenser. Aber die Palästinenser müssten das endlich begreifen, oder besser gesagt ihre politischen Führer, die immer noch denken, sie würden sich einen Platz in der Nachwelt sichern, wenn sie Israel vernichten. Alle Extremisten sind böse, alle, die sich für die Herren der Welt halten, bringen Unheil. Manchmal frage ich mich, warum Gott die Erde als Kugel erschaffen hat. Und meine Antwort lautet: Weil auf einer Kugel alle Punkte gleichbedeutend sind. Es gibt keinen bevorzugten Punkt, alle sind gleich.

Bergoglio: Sie sind von einer politischen Erklärung aktueller Umstände übergegangen zu einer Weisheitsrede über menschliche Beziehungen. Es hat mich an ein Gespräch erinnert, das ich vor einiger Zeit mit einer älteren

Person geführt habe, die gerade eine heftige spirituelle Situation erlebte und mir gewissermaßen beim Rückblick auf ihr Leben sagte, sie habe ein Problem mit Familienbeziehungen, das sie nicht habe lösen können. »Darin fühle ich mich in meinem Leben gescheitert«, sagte sie zu mir, »vielleicht, weil ich den Weg nicht gefunden habe.« Der Satz hat sich mir eingeprägt. Manchmal lassen sich Konflikte in menschlichen Beziehungen lösen, wenn es Leute gibt, die helfen, Wege zu finden, eine Art Schöpfer oder Sucher von Auswegen; denn wenn man das Problem hat, steht man vor dem Berg und sieht gar nichts. Man braucht jemanden, der einem sagt: »Geh besser hier entlang, oder probier es mal dort.« Wenn ich ein Problem mit jemandem habe, hilft mir eine Haltung der ägyptischen Mönche aus der Frühzeit des Christentums. Sie klagten sich selbst an, um einen Lösungsweg zu finden; sie setzten sich auf die Anklagebank, um zu sehen, welche Dinge in ihnen nicht richtig funktionierten. Ich mache das, um zu beobachten, welche Dinge in mir nicht richtig funktionieren. Diese Haltung gibt mir die Freiheit, um anschließend dem anderen seinen Fehler verzeihen zu können. Man sollte den Irrtum des anderen nicht zu sehr herauskehren, denn ich habe meinen eigenen, wir haben beide unsere Fehler. Die Eintracht der Personen, der Völker, wird geschaffen, indem man nach Wegen sucht; das meine ich, hinter Ihrem Gedanken gehört zu haben. Das ist die Art und Weise, Feindschaften aufzulösen.

Skorka: Wir leben in einer von den Massenmedien geprägten Kultur. Es regt mich auf, dass jedes Thema präsentiert wird, als wäre es ein Fußballklassiker zwischen River Plate und Boca Juniors. Die Dinge sind nicht nur schwarz oder weiß, sondern viel komplexer. Daher haben es Fanatiker auch so leicht mit ihren irreführenden Argumenten und oberflächlichen Analysen. Ihnen geht es nur darum, die Leute aufzuwiegeln und Stimmungen auszunutzen. Tiefgründige Analysen wiederum – über politische und gesellschaftliche Themen – sind oft sehr technisch oder philosophisch geschrieben und kommen nicht bei den Leuten an. Und dann gibt es auch noch alle die fähigen Köpfe, die ihre Position mit Feuereifer vertreten, denen es aber an der für die Wahrheitsfindung nötigen Demut mangelt. Die Berichterstattung über den palästinensisch-israelischen Konflikt ist nur allzu oft davon geprägt.

Bergoglio: Diese Art, die Dinge darzustellen, in Schwarz-Weiß, ist eine sündhafte Tendenz, die immer dem Konflikt vor der Einheit den Vorzug gibt. Sie haben von Demut gesprochen, die Demut ebnet die Wege zu einer Begegnung; dem Konflikt den Vorzug zu geben, wirft nur Hindernisse in den Weg. Gottes Geist tut sich in dieser Ebnung kund. Dieses Thema greift Georg Händel sehr schön am Anfang des *Messias* auf, in der Stimme des Baritons mit dem Text von Jesaja: »Jedes Tal soll sich heben, jeder Berg und Hügel sich senken. Was krumm ist, soll gerade werden, und was hügelig ist, werde eben«,[133] um den Weg zur Rettung zu bereiten. Wege zu suchen ist eine Prophezeiung zur Einheit hin. Was Sie über die Medien gesagt haben, würde ich auf all die ausdehnen, die dem Konflikt den Vorzug geben, die schwarz-weiß daherreden. Heute wird desinformiert, indem man nur einen Teil der Wahrheit sagt, man nimmt nur das, was zum eigenen Nutzen ist, und das richtet viel Schaden an, denn es ist eine Art, dem Konflikt den Vorzug zu geben. Wenn ich fünf Zeitungen zu ein und derselben Nachricht lese, ist es sehr häufig so, dass jeder je nach seiner Tendenz nur den Teil erzählt, der ihn interessiert.

Skorka: Ich habe weiter über das Thema Konflikt nachgedacht. Mir gefällt, was Freud dazu zu sagen hat: dass der Mensch nicht um Konflikte herumkommt, dass aber die Art, wie er sie löst, bestimmt, wie er handelt. Ein Arzt könnte seinen Beruf nicht ausüben, wenn er nicht über eine gewisse Aggressivität verfügen würde, denn allein schon ein Skalpell in die Hand zu nehmen – oder auch nur eine einfache Spritze zu setzen oder Blut abzunehmen – hat etwas Gewalttätiges an sich. Aber er sublimiert diesen Anteil in sich eben zu etwas Positivem. Jeder von uns muss sich überlegen, wie er mit seiner Aggressivität umgeht, mit seinen destruktiven Neigungen. Ich glaube – und das hat nicht Freud erfunden, das steht schon in den rabbinischen Schriften von vor 2000 Jahren –, dass wir einen Instinkt zum Guten und einen Instinkt zum Bösen haben; und dass es darauf ankommt, diesen negativen Instinkt in etwas Positives zu verwandeln. Wenn Konflikte nicht auf diese Weise gelöst werden, entsteht eine Welt wie die, in der wir leben; weil die Dimension der Demut fehlt. Mose war aus vielerlei Gründen der größte aller Propheten, aber der Hauptgrund war, dass er der demütigste unter allen Menschen war.[134]

Bergoglio: Der Konflikt steht schon auf den ersten Seiten der Bibel. Wir haben Adam und Eva, die aus dem Paradies vertrieben werden, auch das Drama von Kain und Abel und später den Konflikt von Babel oder von Rebekka mit

Esau und Jakob. Und im Leben Jesu konfrontierten seine Jünger ihn immer wieder mit Spannungen. Das soll heißen, im religiösen Leben ist der Konflikt mit bedacht. Mehr noch, wir würden die Offenbarung, die Bibel, nicht verstehen, wenn wir die Konfliktträchtigkeit nicht ernst nehmen würden. Die Frage ist, wie ein Konflikt gemäß Gottes Wort gelöst wird. Ich glaube, der Lösungsweg darf nie der Krieg sein, denn das würde bedeuten, dass einer der beiden Spannungspole den anderen vereinnahmt. Man löst es auch nicht mit einer Synthese, was eine Mischung der beiden Extreme wäre, ein Hybrid ohne Zukunft. Die Spannung löst sich auf einer höheren Ebene auf, indem man zum Horizont blickt, nicht in einer Synthese, wohl aber in einer neuen Einheit, einem neuen Pol, der die Wirkungskraft beider bewahrt, sie übernimmt und so weiter voranschreitet. Das ist keine Vereinnahmung und auch keine hybridenhafte Synthese, es ist eine neue Einheit. Betrachten wir die genetischen Codes, das ist die Art, in der die Menschheit voranschreitet. Eine wahre Philosophie des Konflikts hieße, den Mut und die Courage zu haben, nach einer Lösung dafür zu suchen, sowohl für den persönlichen wie für den gesellschaftlichen Konflikt, indem man nach einer Einheit sucht, die die Wirkungskraft beider Teile vereint. Ein deutscher lutherischer Theologe, Oscar Cullmann, hat einmal etwas dazu gesagt, wie man es anstellen kann, die verschiedenen christlichen Denominationen zur Einheit zu führen. Ihm zufolge sollen wir nicht danach streben, dass alle von Anfang an dasselbe bekräftigen, und er schlägt vor, in einer versöhnten Verschiedenheit gemeinsam zu gehen. Er löst den religiösen Konflikt der vielfältigen christlichen Konfessionen durch den gemeinsamen Weg dadurch, gemeinsam Dinge zu machen, gemeinsam zu beten. Er bittet uns, dass wir uns nicht gegenseitig mit Steinen bewerfen, sondern dass wir miteinander weitergehen. So kann man bei der Lösung eines Konflikts mit den Wirkungskräften aller vorankommen, ohne die verschiedenen Traditionen aufzuheben oder dem Synkretismus anheimzufallen. Jeder Einzelne sucht von seiner Identität aus, in Versöhnung, nach der Einheit der Wahrheit.

Skorka: Der Mensch ist ein konfliktreiches Wesen, das macht seine Stärke aus, aber auch seine Schwäche. Im Talmud heißt es an einer Stelle, dass der Mensch sowohl etwas Engelhaftes als auch etwas Tierisches hat. Engel sind reine und geistige Wesen, die keinen eigenen Willen haben und lediglich Gottes Befehle ausführen. Der Mensch hingegen hat alles drei: einen freien Willen, tierische Eigenschaften und geistige Eigenschaften. Und diese Eigenschaften geraten permanent miteinander in Konflikt.

28. Über den Dialog
zwischen den Religionen

Skorka: Ein Priester in Mar del Plata hat einmal zu mir gesagt, dass bei den Festakten an nationalen Feiertagen nicht alle Glaubensrichtungen vertreten seien, dass diese Tradition aber nicht in Stein gemeißelt sei. Das ist mir seither nicht mehr aus dem Kopf gegangen.

Bergoglio: Ich weiß nicht, ob Sie sich erinnern – als ich als Erzbischof anfing, nahm ich beim *Te Deum* den Präsidenten mit dem Nuntius in Empfang und wir geleiteten ihn bis zur Tür. Die geistlichen Vertreter der anderen Glaubensrichtungen blieben an ihrem Platz wie Ausstellungspuppen. Ich habe diese Tradition verändert: Heute steigt der Präsident hinauf und begrüßt die Vertreter der Glaubensrichtungen. Das war ein Schritt auf der Linie, die Sie vorschlagen. Seit dem *Te Deum* von Salta 2009 wird die Zeremonie zweigeteilt. Es wird nicht nur der traditionelle, klassische Dankgesang mit der Predigt und dem katholischen Gebet durchgeführt, sondern die Vertreter jeder Glaubensrichtung sprechen ebenfalls ihre Gebete. Die Teilnahme ist heute größer.

Skorka: Ich schätze diese Gesten sehr, weil sie deutlich machen, wie wichtig der Dialog zwischen den Religionen ist.

Bergoglio: Ihre Arbeit ist in dieser Hinsicht sehr bedeutsam, ich vergesse nicht, dass Sie mich zwei Mal eingeladen haben, in Ihrer Synagoge zu beten und zu sprechen. Und ich habe Sie eingeladen, damit Sie zu meinen Seminaristen über Werte sprechen.

Skorka: Ihre Haltung ist wichtig und mutig, denn innerhalb der Institution gibt es offenbar auch Menschen, die in dieser Frage ganz anders denken.

Bergoglio: Als mich die Evangelikalen zum ersten Mal zu einer ihrer Versammlungen im Luna-Park einluden, war das Stadion voll. An jenem Tag sprachen ein katholischer Priester und ein evangelischer Pastor. Beide hielten zwei kurze, einander abwechselnde Predigten, mit einer Unterbrechung, um mittags ein paar Sandwiches zu essen. In einem Augenblick bat der evangelische Pastor darum, dass alle für mich und mein Amt beten mögen. Er hatte mich gefragt, ob ich mit diesem Gebet für mich einverstanden sei, und ich hatte natürlich bejaht. Als alle beteten, kniete ich spontan nieder, eine sehr katholische Geste, um das Gebet und den Segen der 7000 Personen dort zu empfangen. In der Woche darauf titelte eine Zeitschrift: »Buenos Aires, sede vacante. Der Erzbischof ist vom Glauben abgefallen.« Für sie war das gemeinsame Beten mit anderen ein Abfall vom Glauben. Selbst mit einem Agnostiker können wir, ausgehend von seinem Zweifel, gemeinsam nach oben blicken und die Transzendenz suchen. Jeder betet gemäß seiner Tradition, wo liegt das Problem?

Skorka: Dazu fällt mir ein Buch von Shmuel Avidor Hacohen ein, einem ganz besonderen Rabbiner, mit dem ich sehr gut befreundet war. Er war wesentlich älter als ich und gehörte zu den Gründern der israelischen Friedensbewegung *Peace Now*. Shmuel hat eine Biografie über einen anderen legendären Rabbiner geschrieben: Abraham Isaak Hacohen Kook. Von diesem Abraham Isaak Hacohen Kook stammt die Aussage, dass die ersten Kibbuzgründer zu Beginn des 20. Jahrhunderts, obwohl sie sich weit von der Tradition entfernt hatten, einen religiösen Akt vollzogen, weil sie zu einer Zeit ins Land Israel zurückkehrten, als es noch von Türken besetzt war und praktisch nur aus Sumpfland bestand. Für ihn war die Urbarmachung und Bebauung des Landes, das den Juden Europas verweigert worden war, ein religiöser Akt. Wie Sie, der Sie sich beim Gottesdienst der Evangelikalen niedergekniet haben, war auch er ein Mann, der gegen den Strom schwamm. Deshalb nannte er sein Buch auch *El hombre en contra de la corriente* (Der Mensch gegen den Strom). In diesem Sinne begrüße ich die Veränderungen, die Sie eingeführt haben, sehr: dass der Präsident nun alle religiösen Würdenträger begrüßt, dass nun alle gemeinsam das *Te Deum* feiern. Es ist nicht einfach, in einer althergebrachten Struktur Dinge zu verändern. Deshalb beglückwünsche ich Sie dafür, den Teufelskreis durchbrochen zu haben. Dies ist nämlich unsere große Aufgabe.

29. Über die Zukunft der Religionen

Skorka: Die Religion wird immer eine Zukunft haben, weil sich in ihr die Suche des Menschen nach dem Sinn des Lebens äußert, weil sie das Ergebnis einer Innenschau und Begegnung mit Ihm ist. Solange das Leben ein Mysterium ist, solange sich der Mensch fragt, ob jemand die Ordnung der Natur geschaffen hat, solange also diese Fragen offen sind – was meiner Ansicht nach immer der Fall sein wird –, solange wird es auch die Religion geben, der ja die verzweifelte Suche nach dem, was ich bin, inhärent ist. Solange also diese Fragen nicht beantwortet sind, wird der Mensch versuchen, sich Gott zu nähern. Nichts anderes ist ihrem Wesen nach die Mystik. Wie sich allerdings die Religion in der Zukunft manifestieren wird, ist ein anderes Kapitel. Ich habe keine Zweifel daran, dass sich das Religiöse im Menschen erhalten wird. Die Frage ist nur, wie es sich organisieren wird. Wird es die religiösen Institutionen in der Form, die wir heute kennen, noch geben? Werden sich die traditionellen Religionen weiterentwickeln? Hier kommen andere Variablen mit ins Spiel.

Bergoglio: Es gibt einen Satz vom heiligen Augustinus, der auf der von Ihnen genannten Linie ist. Er lautet: »Herr, du hast uns zu dir hin geschaffen, und ruhelos ist unser Herz, bis es Ruhe findet in dir.«[135] Das Wichtigste an diesem Gebet ist das Wort ruhelos. Wenn man vernünftig, ehrlich sein möchte mit dem, was man fühlt, tut man eine tiefe Ruhelosigkeit zum Transzendenten hin kund, zu einer Begegnung – wie Sie gezeigt haben – mit Ihm. Doch während wir die Begegnung erleben, beginnt eine neue Suche und so fort, in immer größerer Tiefe. Diese Ruhelosigkeit beschreiben wir gern als den Atem Gottes, den wir in uns tragen, das Zeichen, das er in uns hinterlassen hat. Oftmals taucht es sogar in Personen auf, die nicht von Gott haben reden hören oder die in ihren Leben antireligiöse oder immanentistische Positionen vertreten haben und plötzlich einem Etwas begegnen, das über sie hinausgeht. Solange es diese Ruhelosigkeit gibt, wird es die Religion geben, wird es Formen der Re-ligio, der Bindung an Gott, geben. Genau daher kommt das Wort »Religion« – durch eine Suche eine Verbindung aufzunehmen mit dem Herrn. Eine rein ritualistische Religion ist zum Sterben verurteilt, denn sie füllt einen mit Riten, lässt das Herz aber leer. Ich bin einer Meinung mit Ihnen, dass die Religion fortbestehen wird, denn die Ruhelosigkeit ist der menschlichen Natur innewohnend, und man wird sehen müssen, auf welche Art sie sich in der Zukunft ausdrückt. Wie stellen Sie sich das vor?

Skorka: Schwer zu sagen, wie die Geschichte weitergehen wird. Die Religion, so wie wir sie in den biblischen Erzählungen vorfinden, nimmt ihren Anfang bei einzelnen Menschen: Abraham, Mose, den Propheten. Diese Menschen kommen Gott näher, und Gott schickt sie zurück zu ihrem Volk, damit diese Annäherung in der Gemeinschaft eine Wirkung entfaltet. Dann wächst diese Keimzelle, intensiviert sich dieser Dialog, wird zum Teil des Alltags. Er vermischt sich mit anderen Ideen, anderen Interessen, wird zum fruchtbaren Austausch, denn eine Religion, die ihre Wirkung nicht im Alltag der Menschen entfaltet, bleibt philosophische Spielerei. In der jüdischen Vorstellung ist Religion das, was täglich gelebt wird. Oder wie die Tora sagt: »Du sollst tun, was in seinen Augen richtig und gut ist.«[136] Sobald das Spirituelle in die Praxis des Alltags übersetzt wird, vermischt es sich mit anderen Interessen, die dem Religiösen das Reine und Schöne nehmen, es manchmal sogar in ihr Gegenteil verkehren. Wenn man von der Zukunft der Religion spricht, muss man folglich von der Zukunft des Menschen sprechen, also eine politische und soziologische Vorhersage treffen. Ich habe von Christen gehört, die für ein Wiedererstarken der Gemeinden plädieren, was ich persönlich keine schlechte Idee fände. Statt hierarchisch organisierte Mega-Institutionen zu fördern, sollte man wieder die Gemeinde in den Mittelpunkt stellen, deren Nährboden die Spiritualität ist. Dafür bräuchte man Strukturen, die die Unabhängigkeit dieser kleineren Einheiten gewährleisten. Ich weiß nicht, ob Sie von diesem Konzept schon einmal gehört haben. Mir gefällt jedenfalls die Idee, nicht mit einer großen Menschenmasse zu tun zu haben, sondern mit Gruppen von Familien, die einen kraftvollen Beitrag liefern und mit anderen Gruppen gleichen Glaubens zusammenarbeiten, ohne ihre Autonomie aufzugeben. Und wenn es große Projekte zu stemmen gilt wie zum Beispiel die Fürsorge, dann tut man sich zusammen. Wie ich gehört habe, soll es in Europa auch eine Bewegung geben, die ihre Identität in präphönizischer Zeit suchen, was mir sehr interessant erscheint, weil es eine Rückkehr zu den Wurzeln darstellt und keine Projektion in die Zukunft ist. Welchen Einfluss wird das auf die Religiosität des europäischen Menschen haben? Was das Judentum angeht, erleben wir in Lateinamerika ein Wiedererstarken der Extreme, nach rechts wie nach links. Der Mittelweg ist verstellt. Welche Auswirkungen wird das haben? Ich weiß es nicht. Mich interessiert aber immer auch, was beim Nachbarn geschieht, bei der christlichen Kirche. Phänomene, die in der einen Religion auftreten, treten meist auch in der anderen auf. Was ich sehe, ist die Entstehung neuer Kirchen, die sich von der Zentrale lösen wollen, vermutlich weil sie mit ihr nicht mehr zufrieden sind. Auch nach der Französischen Revolution erfolgte eine Rückkehr zur Fragmentierung, zu den Nationalstaaten. Immer wieder gab es Versuche, große Imperien zu errichten, aber früher oder später scheiterten sie alle kläglich, wie zum Beispiel Jugoslawien, das in mehrere Teile zerfallen ist. Jeder besinnt sich auf seine eigene Identität. Und so verstehe ich auch die Rückbesinnung auf die Gemeinde, von der ich eben sprach. Ob wir auf diese Weise zu mehr Frieden gelangen oder zumindest zu weniger Krieg, bleibt abzuwarten. Vielleicht gewinnen auch blinde, egoistische Interessen die Oberhand, wer weiß das schon? Ich weiß nur, was die Propheten sagen, und mit ihnen bin ich einer Meinung: Wenn wir es schaffen, dass der Dialog über kleinliche Einzelinteressen siegt, ob nun in größeren oder kleineren Gemeinschaften, dann wird auch die Religion gut gedeihen.

Bergoglio: Wenn man die Geschichte ansieht, haben die religiösen Formen des Katholizismus merklich variiert. Denken wir beispielsweise an den Kirchenstaat, wo die weltliche Macht mit der geistigen Macht verbunden war. Das war eine Deformation des Christentums, es entsprach nicht dem, was Jesus wollte und was Gott will. Wenn die Religion im Lauf der Geschichte eine derartige Entwicklung durchgemacht hat, warum sollten wir nicht denken, dass sie sich auch in der Zukunft an die Kultur ihrer Zeit anpassen wird? Der Dialog zwischen Religion und Kultur ist von grundlegender Bedeutung, das wird schon im Zweiten Vatikanischen Konzil gesagt. Von Anbeginn an wird von der Kirche eine fortwährende Bekehrung verlangt – *Ecclesia semper reformanda* – und diese Wandlung nimmt im Lauf der Zeit verschiedene Formen an, ohne das Dogma abzuändern. In der Zukunft wird sie andere Arten finden, sich neuen Epochen anzupassen, so wie sie heute andere Modi hat als zur Zeit des Regalismus, des Jurisdiktionalismus und des Absolutismus. Sie spielen auch auf das Wiedererstarken der Gemeinden an. Das ist ein Schlüssel, die Tendenz zur kleinen Gemeinschaft als Ort der religiösen Zugehörigkeit. Das entspricht einem Bedürfnis nach Identität, die nicht nur religiös, sondern auch kulturell ist: Ich bin aus diesem Viertel, für diesen Fußballclub, aus dieser Familie, aus diesem Ritus … dann habe ich einen Ort der Zugehörigkeit, erkenne mich in einer Identität. Der Ursprung des Christentums lag in den Gemeinden. Wenn man die Apostelgeschichte des heiligen Lukas liest, wird einem klar, dass das Christentum eine massive Expansion erlebt hat; bei den ersten Predigten von Petrus tauften sie Tausende Personen,[137] die sich anschließend in kleinen Gemeinschaften zusammentaten. Das Problem ist, wenn eine Pfarrei kein Eigenleben hat und durch die übergeordnete Struktur außer Kraft gesetzt und vereinnahmt wird. Denn Leben wird einer Pfarrei durch diesen Sinn für Zugehörigkeit eingehaucht. Ich erinnere mich, als ich einmal zum Gespräch mit Ihnen in Ihre Gemeinde kam und Sie mir die Frauen vorstellten, die die Wohltätigkeitsarbeit der Synagoge leisten. Sie bereiteten gerade Pakete und Tüten für bedürftige Familien vor. Die Synagoge oder die Pfarrei führen uns dahin, unsere Brüder zu versorgen, sie bringen das Religiöse ins Handeln. In diesem Fall war es unterstützender Art, aber es gibt auch andere Formen: in der Erziehung, bei der sozialen Förderung usw. Wegen Aktionen dieser Art klagt man uns an, uns in Dinge zu mischen, die uns vermeintlich nicht interessieren sollten. Vor Kurzem feierte ich zum Beispiel im Bahnhof Constitución in Buenos Aires eine Messe für die Opfer des Menschenhandels: die Versklavung in den geheimen Werkstätten, die ausgebeuteten Cartoneros,[138] die zum Drogenschmuggel gezwungenen Kinder, junge Prostituierte. Es wurde schließlich ein großer Protest, dem sich Leute anschlossen, die nicht katholisch sind, die meinen Glauben nicht teilen, jedoch die Liebe zum Bruder teilen. Ich mische mich nicht in Politik ein, ich versetze mich in die Haut meines Bruders, der in die Mangel genommen wird, in eine Sklavenfabrik gesteckt wird. Es stimmt, dass manche so etwas auch ausnutzen, um Strukturen politischen Typs zu propagieren, deshalb muss man gut unterscheiden, wie man in diesen Angelegenheiten handelt.

Skorka: Ich verweise nochmals auf das Wort Jesajas: Entziehe dich nicht deinen Verwandten, deinem Fleisch und Blut.[139]

Bergoglio: Ich verwende die Übersetzung: »Schäm dich nicht des Fleisches deines Bruders.« Die religiöse Beziehung schließt eine Verpflichtung mit ein, keine Flucht. In einer Epoche der christlichen Spiritualität nannte man das *fuga mundi,* Flucht aus der Welt; heute herrscht eine völlig andere Auffassung, man muss sich in die Welt einbringen, jedoch immer von der religiösen Erfahrung aus. Sie haben eben erwähnt, dass ein Phänomen, wenn es in einer Religion auftaucht, auch in den anderen aufzutauchen pflegt. Es ist ein ernsthaftes Problem, wenn das Geistige aufs Ideologische reduziert wird, die eigene religiöse Erfahrung verliert an Kraft, und da ein Raum unbesetzt gelassen wird, greift man auf die Ideenwelt zurück, um ihn zu füllen. Die andere Gefahr besteht darin, wohltätige Taten um der Wohltätigkeit willen zu vollbringen und wie eine NGO zu handeln, statt an der religiösen Erfahrung teilzunehmen. Es gibt religiöse Gemeinschaften, die unbewusst Gefahr laufen, sich in eine NGO zu verwandeln. Es ist nicht nur eine Frage, dies oder jenes zu tun, um dem Nächsten zu helfen. Wie betest du? Wie hilfst du deiner Gemeinschaft, damit sie der Erfahrung Gottes teilhaftig wird? Das sind die Schlüsselfragen.

Skorka: Wenn man 40 Jahre zurückblickt, stößt man im Judentum auf das Phänomen des Gemeindeprinzips. Bis Ende der 1960er Jahre gab es zwar ein Netz von Schulen, in denen jüdische Kultur gelehrt wurde, gab es die zionistischen Jugendbewegungen, in denen verschiedene Fächer unterrichtet wurden – Hebräisch, Geschichte, Tradition –, aber es gab keine eigentlich religiösen Einrichtungen. Das kam erst später, als sich in Argentinien das Konservative Judentum[140] ausbreitete, als die Idee der Gemeinde als Ort entstand, wo Kinder spielen, lernen und beten. In der Gemeinde werden auch die Hilfskampagnen für Bedürftige organisiert. Eines möchte ich noch hinzufügen, weil es mir wichtig erscheint: Wenn wir zu einer tieferen Religiosität kommen wollen, müssen unsere geistlichen Führer demütiger werden. Eltern müssen ihren Kindern erläutern, dass der Glaube, den sie ihnen vermitteln, ihr Glaube ist und dass sie diesen ihren Glauben gern in ihnen weitergeführt und verbessert sähen. Aber es ist falsch, die Religion des anderen schlechtzumachen, zu glauben, dass man die allein gültige Wahrheit besitzt. Wenn wir zu einer Haltung wahrer Demut finden, können wir die Welt verändern. Der Prophet Micha gibt geradezu eine Definition eines religiösen Menschen: »Recht tun, Güte und Treue lieben, in Ehrfurcht den Weg gehen mit deinem Gott.«[141]

Bergoglio: Ich stimme völlig mit Ihnen überein in der Frage der Demut. Ich verwende auch gern das Wort »Sanftmut«, was nicht Schwäche heißen soll. Ein religiöser Anführer kann sehr stark sein, sehr firm, doch ohne Aggression auszuüben. Jesus sagt, der Führende soll werden wie der Dienende. Für mich gilt diese Vorstellung für religiöse Vertreter jedweder Konfession. Die wahre Macht der religiösen Führerschaft verleiht das Dienen. Sobald er nicht mehr dient, wird der Geistliche zu einem bloßen Mittelsmann, zum Vertreter einer NGO. Der geistliche Führer teilt und leidet mit seinen Brüdern, und er dient ihnen.

Skorka: Genau. Ich weiß nicht, wie die Religion der Zukunft aussehen wird, aber ich bin überzeugt, dass sie davon abhängt, was die Menschen heute tun. Walter Benjamin soll einmal gesagt haben, dass das Buch, das er gerade schreibe, seine Wirkung vielleicht erst in hundert Jahren entfalte.

Bergoglio: Ich weiß, dass es für die Religionen schlimmere Zeiten als die gegenwärtige gegeben hat, und dennoch sind sie durchgekommen. Jetzt können wir vielleicht auf die zahlenmäßige Knappheit der geistlichen Führer hinweisen, doch es gab Zeiten, da war die Knappheit eine Tugend. Es gab korrupte Phasen in der Kirche. Ich denke zum Beispiel an die Zeit des Majorats,[142] an die Pfründe, die einige Geistliche hatten, die sich ihren Lebensunterhalt als Erzieher der Kinder reicher Leute verdienten. Sie machten nichts und hatten sich verweltlicht. Es gab sehr schwere Zeiten, und doch erstand die Religion wieder neu. Plötzlich tauchen Figuren auf wie eine Teresa von Kalkutta, die die gesamte Auffassung von der Würde einer Person revolutionieren, die ihre Zeit darauf verwenden – denn auf eine gewisse Weise heißt es, sie zu verlieren –, den Menschen beim Sterben zu helfen. Diese Handlungen zeugen von Mystik und erneuern die Religiosität. In der Geschichte der katholischen Kirche sind die wahren Erneuerer die Heiligen. Sie sind die wahren Reformatoren, die verändern, wandeln, vorantreiben und den spirituellen Weg neu beleben. Ein anderes Beispiel ist Franziskus von Assisi. Er lieferte dem Christentum eine ganz neue Auffassung von der

Armut gegenüber Luxus, Stolz und Eitelkeit der zivilen und kirchlichen Macht jener Zeit. Er engagierte sich für eine Mystik der Armut und des Verzichts und hat die Geschichte verändert. Wie sind im Judentum solche Menschen aufgetreten?

Skorka: Da würde ich noch einmal den Mann erwähnen, der innerhalb der jüdischen Gemeinschaft Argentiniens in vielerlei Hinsicht kritisiert wurde, der aber unzweifelhaft eine Zeitenwende eingeläutet hat: Marshall Meyer. Ich kann nicht sagen, dass er ein Heiliger war, weil wir im Judentum die Idee des Heiligen nicht haben. Ich werde auch nicht behaupten, dass alles, was er getan hat, perfekt war, und schon gar nicht, dass ich mit allen seinen Ansichten einverstanden war. Aber wenn die jüdische Gemeinschaft seit den 1970er Jahren einen Aufschwung genommen hat, dann haben wir das ihm zu verdanken. Marshall war ein tiefgläubiger Mensch, der im Judentum Argentiniens eine Zeitenwende eingeläutet hat, nicht nur, weil er sich mutig für die Menschenrechte eingesetzt hat, sondern auch, weil er Wege aufzeigte, wie man mit dem Nächsten umgehen soll, und damit die jüdische Gemeinschaft spirituell erneuerte. In den letzten 20 Jahren gab es dann einen weiteren Wandel, eine Hinwendung zur Orthodoxie. Vor 30 oder 40 Jahren wäre eine derartig strenge Auslegung undenkbar gewesen, mit der ich, wie ich gestehen muss, wenig gemein habe. Zygmunt Bauman hat es mit seinem Konzept der »liquid modernity«, der flüchtigen Moderne, auf den Punkt gebracht: Wir leben in ungewissen, sich permanent wandelnden Zeiten. Die Orthodoxie füllt die Lücken, die durch diese Ungewissheit entstehen, aber sie bewegt sich genau in die entgegengesetzte Richtung. Was die Religion der Zukunft angeht, so glaube ich, dass wir einen Mittelweg finden müssen. Manche Wahrheiten sind ewig wie: »Du sollst nicht töten« oder »Du sollst nicht stehlen.« Andererseits ist Leben ständige Bewegung in Freiheit, und dafür braucht man die Fähigkeit zu denken und zu analysieren.

Bergoglio: Es gibt innerhalb der Religionen Gruppierungen, die, um das Präskriptive zu betonen, das Menschliche beiseitelassen, sie reduzieren die Religion darauf, was man morgens, nachmittags und abends beten soll und was passiert, wenn man das nicht tut. Es gibt eine spirituelle Nötigung der Anhänger und vieler Menschen mit schwachem Geist, das kann zu einem Mangel an Freiheit führen. Eine andere Eigenart dieser Gruppierungen besteht darin, dass sie sich immer auf der Machtsuche befinden. Eine Besonderheit von Buenos Aires ist, so könnte man sagen, dass es eine heidnische Stadt ist, was nicht abwertend gemeint sein soll, sondern als bloße Feststellung. Sie betet viele Götter an, und gegenüber dieser Paganisierung neigt man zu einem Phänomen wie dem von Ihnen genannten. Man möchte das Authentische suchen, doch wenn das nur Vorschriften bedeutet, nämlich Normen zu erfüllen, verfällt man ins andere Extrem, in einen Purismus, der auch nicht religiös ist. Es stimmt, dass die hedonistische, konsumorientierte, narzisstische Kultur sich in den Katholizismus einschleicht. Sie steckt uns an, und auf gewisse Art revitalisiert sie das religiöse Leben, paganisiert es aber, verweltlicht es. Darin besteht der wahre Verlust des Religiösen, was ich am meisten fürchte. Ich spreche immer davon, dass das Christentum eine kleine Herde ist, wie Jesus im Evangelium sagt.[143] Wenn die christliche Gemeinschaft groß und zu einer weltlichen Macht werden möchte, läuft sie Gefahr, ihr religiöses Wesen zu verlieren. Das fürchte ich. Vielleicht kann man sagen, dass es heute weniger religiöse Menschen gibt, doch die Ruhelosigkeit ist groß, es gibt eine ernsthafte religiöse Suche. Es gibt auch eine Suche nach Gott in Bewegungen der Volksfrömmigkeit, was eine volkstümliche Art ist, das Religiöse zu leben. Zum Beispiel die Wallfahrt der Jugend nach Luján.[144] Für viele ist diese Wallfahrt das einzige Mal, dass sie eine Kirche betreten: 60 Prozent verabreden sich selbst zum Pilgern, sie werden von keiner Pfarrei dazu veranlasst. Es gibt einen Funken von Volksfrömmigkeit, der sie dazu bewegt, ein nicht zu vernachlässigendes religiöses Phänomen. Möglicherweise gibt es weniger Menschen in den Kirchen, dafür gibt es eine größere Ernsthaftigkeit im Engagement. Die religiöse Suche ist nicht erloschen, sie ist weiter stark, vielleicht ein wenig orientierungslos außerhalb der institutionellen Strukturen. Meiner Einschätzung nach liegt die größte Herausforderung bei den religiösen Führern, die wissen müssen, wie sie diese Kraft lenken können. Die Evangelisierung ist sehr bedeutsam, nicht aber der Bekehrungseifer, der heute – Gott sei Dank – aus dem Wortschatz der Pastoral gestrichen ist. Es gibt einen sehr schönen Ausspruch von Papst Benedikt XVI.: »Die Kirche betreibt keinen Proselytismus. Sie entwickelt sich vielmehr durch ›Anziehung‹.«[145] Es handelt sich um eine Anziehung durch das Bezeugen.

Skorka: Wir Juden wollten andere nie bekehren. Aber nun ist plötzlich ein Phänomen aufgetaucht, das ich internen Bekehrungseifer nennen würde: Orthodoxe Juden wollen andere Strömungen von ihren Ansichten überzeugen. Aber ich will noch einmal auf etwas zurückkommen, was Sie gerade erwähnt haben. Geistliche Führer müssen sich darüber im Klaren sein, wie man mit neuen Manifestationen des Glaubens umgehen soll, mit spontan entstehenden Bewegungen. In der Zukunft scheint mir dies eine der Aufgaben von Religion zu sein. Ich glaube, dass ein Oberhaupt seine Gemeinden nicht mit eiserner Faust führen darf. Das durfte nur Gott, als er mit eiserner Faust und ausgestrecktem Arm die Söhne Israels aus Ägypten führte. Um noch einmal auf Marshall Meyer zurückzukommen: Er war ein charismatischer Führer, und mir scheint, dass wir innerhalb des Konservativen Judentums sehr stark von seinem zentralistischen Führungsstil geprägt sind. Vielleicht hatte er unter den Umständen, in denen er gewirkt hat, keine andere Wahl, als alles auf seine Schultern zu laden und allein voranzuschreiten. Damit hat er jedoch verhindert, dass seine Nachfolger ihr ganzes Potenzial entwickelten. Heute leben wir in einer anderen Zeit, heute brauchen wir subtile Führer, keine Charismatiker. Für mich ist ein geistlicher Führer vor allem ein Lehrer. Er sollte sich nur dann lautstark bemerkbar machen, wenn Ungerechtigkeiten ein klares Wort erfordern. Religion ist ein intimes Phänomen, also sollte ein Lehrer seine Gemeinde nicht als Masse betrachten, sondern sich an jeden Einzelnen persönlich wenden. Ich-Bezogenheit und Selbstbeweihräucherung sind mir ein Graus, sowohl bei politischen als auch bei geistlichen Führern. Wir haben ja gesehen, wohin Massenbewegungen führen können: zu kollektiven Selbstmorden und Massakern. Deshalb müssen wir bei neuen Religionen große Sorgfalt walten lassen. Wenn jemand eine neue spirituelle Botschaft hat, dann sollten wir ihm großen Respekt entgegenbringen, aber gleichzeitig den zuständigen Institutionen erlauben, genauer hinzusehen. Keine spirituelle Bewegung darf zu Konflikten innerhalb der großen Gemeinschaft führen, keine spirituelle Bewegung darf einen Menschen in einem Netz gefangen halten, das ihn seinem Umfeld, also vor allem seiner Familie entfremdet.

Bergoglio: Ich respektiere neue spirituelle Angebote, sie müssen jedoch glaubwürdig sein und sich der Prüfung durch die Zeit stellen. Das wird zeigen, ob ihre Botschaft zeitgebunden ist oder ob sie über die Generationen Bestand hat. Die Zeit zu überdauern ist der beste Beweis für geistliche Lauterkeit.

ANMERKUNGEN

Das Anmerkungsverzeichnis für die deutsche Ausgabe wurde von Dr. Karl Pichler und den Übersetzern angepasst und erweitert.

Zitate und Bezugnahmen auf die Bibel werden nach der sog. Einheitsübersetzung wiedergegeben: Die Bibel. Altes und Neues Testament. Einheitsübersetzung, Katholische Bibelanstalt: Stuttgart 1980. Wo der Kontext es verlangt, ist die Formulierung an den Wortlaut der spanischen Vorlage angeglichen.

Der Talmud wird zitiert nach der Übersetzung von Lazarus Goldschmidt, Der Babylonische Talmud, Jüdischer Verlag: Frankfurt a. M. 2002.

1 Genesis 1,28.
2 Ernesto Sabato, *Uno y el universo,* Buenos Aires 1995, Prolog.
3 Sprichwörter 20,27.
4 Kohelet 4,12.
5 Genesis 45,3.

6 River Plate ist einer der größten argentinischen Fuß-
ballvereine. Fans und Mannschaft werden auch
»gallinas« (Hühner) genannt.

7 Genesis 12,1 in Verbindung mit Genesis 13,15.

8 Genesis 17,1.

9 Micha 6,8.

10 Abraham Skorka ist Doktor der Chemie, Jorge
Bergoglio hat einen Abschluss als Chemietechniker.

11 Ijob 42,5.

12 Ijob 42,8.

13 Ijob 42,7.

14 Midrasch (»Forschung«, »Studium«, »Auslegung«):
eine Form rabbinischer Schriftauslegung.

15 Johannes 8,44.

16 Weisheit 2,24.

17 Numeri 22,1–24,25: Der Seher Bileam. Numeri
22,22: Der »Engel des Herrn« tritt Bileam »in feind-
licher Absicht«, »als Widersacher, Satan«, in den
Weg.

18 Jesaja 45,7.

19 Matthäus 4,1–11; Lukas 4,1–13: Die Versuchung
Jesu.

20 Rut 1,16.

21 Amos 3,2.

22 Levitikus 16,1–34: Das Ritual für den Versöhnungstag.

23 Mischna Traktat Joma VI, 1.

24 Maimonides, *Führer der Unschlüssigen*, III. Buch,
Kap. 32.

25 Deuteronomium 24,19: Die vergessene Garbe.

26 Rut 2,1–23: Rut auf dem Acker des Boas.

27 Matthäus 22,34–40: Die Frage nach dem wichtigsten Gebot.

28 Johannes Paul II., Schreiben zur Errichtung des Päpstlichen Rates für die Kultur, 20. Mai 1982.

29 Genesis 1,26–27.

30 Genesis 12,1.

31 Markus 5,1–20; Lukas 8,26–39: Die Heilung des Besessenen von Gerasa.

32 Matthäus 19,16–30; Markus 10,17–31; Lukas 18,18–30: Von Reichtum und Nachfolge.

33 Johannes 15,16.

34 Deuteronomium 13,2–6: Die Anstiftung zum Abfall durch Propheten und Traumseher.

35 Jeremia 27,1–22: Das Joch Babels.

36 Jeremia 28,1–27: Der falsche Prophet Hananja.

37 Niní Marshall, argentinische Filmschauspielerin und Humoristin (1903–1996). Catita war eine ihre Verkörperungen auf der Bühne, eine Klatschtante italienischer Abstammung mit Lockenwicklern und böser Zunge.

38 Ijob 42,5.

39 Matthäus 23,3.

40 Der Chassidismus ist eine religiöse Erneuerungsbewegung im Judentum, die im Europa des 18. Jahrhunderts entstand. Ihr Wesensmerkmal ist die Mystik. Mit Gesängen, Tänzen, Geschichten und Traditionen soll der Glaube neu belebt werden.

41 Babylonischer Talmud, Traktat Sanhedrin 97 b.

42 Andreani ist eine große argentinische Post- und Speditionsfirma.

43 Genesis 18,16–33.

44 Konservativ im Sinne einer Strömung innerhalb des Judentums, die Gewohnheiten und Gesetze bewahren will, aber im Gegensatz zur traditionalistischen Strömung einen intellektuellen und dynamischen Dialog mit den neuesten Tendenzen der Wissenschaft sucht.

45 1 Samuel 13, 1–22: Die Herrschaft Sauls; 1 Samuel 15,10–35: Sauls Verstoßung.

46 Fernando Lugo war von 1994 bis 2005 Bischof der Diözese San Pedro. Um aktiv in die Politik gehen zu können, ließ er sich von seinem Bischofsamt freistellen. Von 2008 bis 2012 war er Staatspräsident von Paraguay.

47 Traktat Derek Erez Rabba 5.

48 Marshall Meyer war ein US-amerikanischer Rabbiner, der 25 Jahre in Argentinien lebte. Er führte dort das konservative Judentum ein und leistete während der Militärdiktatur (1976–1983) Widerstand gegen die Machthaber. Er besuchte politische Gefangene im Gefängnis, befreite einige von ihnen, verhalf Regimegegnern zur Flucht ins Exil und prangerte die Verbrechen gegen die Menschlichkeit international an. Er war Mitglied der *Asamblea Permanente por los Derechos Humanos* (Ständige Versammlung für Menschenrechte), gründete die *Jüdische Bewegung für Menschenrechte* und wurde nach Einführung der Demokratie von Staatspräsident Raúl Alfonsín zum Mitglied der *Comisión Nacional sobre la Desaparición de Personas*

(Nationale Kommission über das Verschwinden
von Menschen) ernannt.

49 Deuteronomium 6,4.

50 Zvi Kolitz: »Jossel Rackovers Wendung zu Gott«,
hrsg. von Paul Baade, Zürich 2008. Zum ersten Mal
erschienen in Buenos Aires: *Yossl Rakover ret tsu
Got,* in: *Die Jiddische Zeitung*, 25. September 1946.
Inspiriert ist die Erzählung vom Verhalten Tausender
Juden während der Shoah.

51 Lukas 21,1–4: Das Opfer der Witwe.

52 Lukas 18,9–14: Das Beispiel vom Pharisäer und vom
Zöllner.

53 2 Samuel 12,13; 2 Samuel 11,1–27: David und
Batseba.

54 »Cuco« und »Hombre de la Bolsa« sind Schreckge-
stalten, mit deren Kommen die Eltern drohten, wenn
die Kinder ungehorsam waren oder nicht schlafen
wollten. Der Cuco hat keine bestimmte Gestalt, der
Hombre de la Bolsa trägt einen großen Sack auf dem
Rücken, in dem er die ungehorsamen Kinder an einen unbestimmten Ort wegträgt.

55 Genesis 17,1.

56 Yitzchak Rabin war zweimal israelischer Premiermi-
nister. 1994 erhielt er zusammen mit dem Palästinenserführer Yassir Arafat den Friedensnobelpreis für
seine Bemühungen, Frieden zwischen Israelis und
Palästinensern zu stiften (Oslo-Abkommen 1993).
1995 wurde er von einem jüdischen Studenten aus
rechtsradikalen Kreisen erschossen.

57 Genesis 3,7.

58 Traktat Berachot 40a.

59 Genesis 3,19.

60 1 Samuel 2,12–36: Die Schuld des Hauses Eli.

61 Jeremia 15,10.

62 1 Könige 21,1–29: Nabots Weinberg.

63 Deuteronomium 30,19–20.

64 Florencio Sánchez, *Los Muertos* (dt. Die Toten).

65 Richter 13,22.

66 Matthäus 27,46; Markus 15,34.

67 Brief an die Römer 8,24.

68 Genesis 47,9.

69 Levitikus 19,32: Die Ehrfurcht vor dem Alter.

70 Exodus 20,12; Deuteronomium 5,16.

71 Deuteronomium 6.

72 Das Wort Rabbiner bedeutet Lehrer.

73 1920 wurde die »Unión Feminista Nacional«, die nationale feministische Union, gegründet. Eines ihrer Ziele, das Wahlrecht für Frauen, wurde 1947 erreicht.

74 Masorti (hebräisch: traditionell) vertritt innerhalb der jüdischen religiösen Strömungen eine Mittelposition zwischen Reform und Orthodoxie.

75 1987 wurde zum ersten Mal in Argentinien das Recht auf Scheidung und anschließende Wiederverheiratung in den Código Civil, das bürgerliche Gesetzbuch, aufgenommen. Vorher gab es die Möglichkeit, nach einer Trennung die Güterverteilung und das Sorgerecht für gemeinsame Kinder gerichtlich regeln zu lassen; eine Wiederverheiratung war nicht vorgesehen, und Kinder aus eventuellen späteren Bindun-

gen galten als außerehelich. Die Kirche vertrat in der Diskussion die Unauflösbarkeit der Ehe.

76 Matthäus 5,31–32: Von der Ehescheidung.

77 Mischna Traktat Gittin IX,10: die Schule Schammais, die Schule Hillels und Rabbi Akiba zur Scheidung.

78 Traktat Schabbat 88a.

79 Levitikus 18,21.

80 Seit 2010 ist die gleichgeschlechtliche Ehe in Argentinien erlaubt.

81 Rául Alfonsín war der erste argentinische Staatspräsident nach der Militärdiktatur. Er amtierte von 1983 bis 1989.

82 Traktat Sanhedrin 19b.

83 Katechismus der katholischen Kirche. Kompendium Nr. 469.

84 Genesis 1,28.

85 Hebräisch für Wahrheit.

86 Joaquín Piña, Jesuit und emeritierter Bischof von Puerto Iguazú. 2006 führte er eine Bürgerbewegung an, die verhinderte, dass der damalige Gouverneur der Provinz Misiones unbeschränkt wiedergewählt werden konnte.

87 *República de Cromañón* war eine Disko in Buenos Aires, die in der Nacht vom 30.12.2004 in Brand geriet. 193 Menschen kamen ums Leben. An diesem Tag war der Saal überbelegt, die Notausgänge waren abgeschlossen.

88 Am 25. Mai, dem Jahrestag der Unabhängigkeit von 1816, wird in Argentinien traditionell ein feier-

liches *Te Deum* abgehalten. Seit 2005 wird die Zeremonie auf Initiative von Präsident Kirchner nicht mehr jedes Jahr in der Kathedrale von Buenos Aires abgehalten, sondern an verschiedenen Orten des Landes.

89 Arturo Frondizi war Präsident Argentiniens von 1958–1962. In Argentinien ist man von der Wahlpflicht befreit, wenn man sich über 500 Kilometer vom Wahlort entfernt aufhält.

90 *Dios es mi descanso* (dt.: Bei Gott allein kommt meine Seele zur Ruhe) war eine kurze Sendung mit Nachtgedanken, mit der der argentinische Fernsehsender *Canal 9* in den 1980er und 90er Jahren seine tägliche Ausstrahlung schloss.

91 Josua 24,2.

92 Bereschit Rabba 38,13–19. Diese Überlieferung hat auch in den Koran Eingang gefunden: Sure 21,51–70.

93 AMIA: Asociación Mutual Israelita Argentina. Bei dem Anschlag 1994 starben 85 Menschen, rund 300 wurden verletzt. Die Hintergründe sind bis heute nicht aufgeklärt.

94 Christian Federico von Wernich ist ein deutschstämmiger katholischer Priester. Während der Militärdiktatur (1976–1983) war er Polizeikaplan in der Provinz Buenos Aires. Seine Position im Klerus missbrauchte er, um während der Beichte an Informationen politischer Gefangener zu gelangen. 2007 wurde er von einem argentinischen Gericht wegen seiner Beteiligung an sieben Morden, 42 Entführun-

gen und 31 Folterungen zu lebenslanger Haft verurteilt.

95 1 Samuel 11–12.

96 Johannes 15,16.

97 Psalm 115,16.

98 Exodus 17,8–13.

99 Traktat Abot IV, 22 (17).

100 Traktat Abot II, 21 (16).

101 Matthäus 5,3.

102 Genesis 1,26.

103 Jerusalemer Talmud, Traktat Kidduschin, Kap. IV, Halacha 12 (66,2).

104 Deuteronomium 6,18.

105 Levitikus 25: Sabbatjahr und Jubeljahr.

106 Ländliche Siedlung mit kollektiver Wirtschaft und Lebensweise in Israel.

107 Der Banco Ambrosiano war ein 1896 gegründetes italienisches Finanzinstitut, das 1982 zusammenbrach. Im Zentrum des Bankrotts stand sein Vorsitzender, Roberto Calvi, der der illegalen Freimaurerloge Propaganda Due angehörte (besser bekannt als »P2«). Die Vatikanbank war der Hauptaktionär des Banco Ambrosiano.

108 Levitikus 25,2–7.

109 Jesaja 58,7.

110 Matthäus 25,31–46: Vom Weltgericht.

111 Lukas 10,25–37.

112 Deuteronomium 26,5.

113 Vgl. Brief an die Kolosser 1,24.

114 Mischna Sanhedrin VI,5.

115 Genesis 45,4.

116 Der Sanhedrin oder Hohe Rat war im Judentum lange Zeit die oberste politische Instanz und gleichzeitig
das oberste Gericht.

117 Pessach (auch: Passa(h), Pascha) ist das jüdische
Fest im Frühlingsmonat zur Erinnerung an den Aus-
zug der Israeliten aus Ägypten unter Führung des
Mose: Exodus 12–18. Zur Zeit Jesu war Pessach ein
Wallfahrtsfest zum Tempel in Jerusalem. Für die
Christen wurde Pessach zum Osterfest, an dem sie
das Gedächtnis von Tod und Auferstehung Jesu be-
gehen.

118 »Der Russe«, häufiger Spitzname für Argentinier
jüdischer Herkunft.

119 Hochschule für Religiöse Studien. Gegründet 1967
von Katholiken, Protestanten und Juden. Ziel der
Einrichtung ist die Förderung des Zusammenlebens
und gegenseitigen Verständnisses, aber auch die Analyse der politischen und gesellschaftlichen Verhält-
nisse Argentiniens unter der Perspektive der Religion.

120 *Delegación de Asociaciones Israelitas Argentinas*:
Delegation der Verbände Argentinischer Israeliten,
gegründet 1933 zur Bekämpfung des Antisemitismus.

121 *Comisión Nacional sobre la Desaparición de Personas*: Nationale Kommission über das Verschwinden
von Menschen. Organisation zur Aufarbeitung von
Menschenrechtsverletzungen während der Militärdiktatur. Gegründet von Staatspräsident Raúl Al-

fonsín. Ihr Abschlussbericht erlangte unter dem Namen *Nunca Más* (»Nie wieder«) Berühmtheit.

122 Direktor der Zeitung *La Opinión*, der von der Militärjunta entführt und später des Landes verwiesen wurde.

123 Der 67 Meter hohe, 1936 zum 400-jährigen Stadtgründungsjubiläum errichtete Obelisk ist ein Wahrzeichen von Buenos Aires. Gelegentlich finden dort kulturelle oder politische Großveranstaltungen statt.

124 Siehe Anm. 90.

125 *Iglesia y Democracia en la Argentina. Selección de documentos del Episcopado argentino* (dt. Kirche und Demokratie in Argentinien. Auswahl von Dokumenten aus dem argentinischen Episkopat), Argentinische Bischofskonferenz, Buenos Aires 2006.

126 Die argentinische Militärdiktatur begann mit dem Putsch der Militärjunta gegen Isabel Perón am 24.03.1976 und endete nach der Niederlage im Falklandkrieg im Juni 1982 mit der Ansetzung von Neuwahlen für 1983.

127 Dekret 261/75 vom 5. Februar 1975. Damit gab Isabel Perón den Streitkräften den Auftrag, »die Tätigkeit der subversiven Elemente in der Provinz Tucumán zu neutralisieren und/oder auszuschalten«.

128 Im September 1973 gründeten verschiedene Kirchen in Chile unter Kardinal Raúl Silva Henríquez zunächst das Komitee Pro Paz zur Unterstützung der Menschen, die Repressalien durch das Militärregime erlitten. Auf Druck der Regierung musste das Komitee zum 31.12.1975 aufgelöst werden. Auf Bitte von

Kardinal Silva Henríquez rief Papst Paul VI. daraufhin zum 01.01.1976 das »Vikariat der Solidarität« ins Leben. Dies war nun eine Einrichtung der katholischen Kirche im Erzbistum Santiago de Chile und daher nicht mehr so leicht von der Militärregierung anzugreifen.

129 Als Kryptojuden (engl. *Crypto-Jews*) bezeichnet man Konvertiten (vom Judentum zu einer anderen Religion) und deren Nachkommen, die sich entgegen ihrer öffentlichen Religionszugehörigkeit weiterhin ihrem alten Glauben verbunden fühlen und im Geheimen jüdische Kultur und Religion praktizieren.

130 Anwar as-Sadat, ägyptischer Staatspräsident (1970–1981). 1978 unterzeichnete er in Camp David ein Friedensabkommen mit Israel, fünf Jahre nach dem letzten kriegerischen Konflikt zwischen beiden Ländern.

131 Zehnter israelischer Ministerpräsident (1999–2001).

132 Jesaja 19,23–25.

133 Jesaja 40,4.

134 Numeri 12,3.

135 Augustinus, *Bekenntnisse*, I,1,1.

136 Deuteronomium 6,18.

137 Apostelgeschichte 2,41 u. 2,47.

138 Als »Cartoneros« werden Personen bezeichnet, die Altpapier und -karton (teils auch andere wiederverwertbare Materialien) aus dem Müll sammeln und zur Wiederverwertung weiterverkaufen. Speziell seit der Wirtschaftskrise von 2001 wird diese Tätigkeit oft von ganzen Familien gemeinsam ausgeübt.

139 Jesaja 58,7.

140 »Konservatives Judentum« ist in einem lateinamerikanischen Kontext vielleicht irreführend. Es handelt
sich um eine gemäßigte religiöse Strömung, die ihrem Kern nach progressiv ist und sich sozialer, kultu-
reller und politischer Themen annimmt. Das orthodoxe Judentum lehrt, dass die religiösen Gesetze
unveränderlich sind; das Reformjudentum, dass die
Gesetze lediglich Regeln sind und nicht Weisungen;
und das Konservative Judentum, dass das jüdische
theologische Recht einen festen Kern hat, der im
Verlauf der Zeit aber Interpretationen, Veränderungen und Zusätze erlaubt.

141 Micha 6,8.

142 Majorat: Ältestenrecht, nach dem nur der nächste
männliche Verwandte erbberechtigt ist. Das Majorat
sollte die Zersplitterung von Landbesitz verhindern.

143 Lukas 12,32.

144 Die Stadt Luján liegt ca. 70 km westlich von Buenos
Aires und ist der bedeutendste Wallfahrtsort des Landes. Verehrt wird dort eine Marienstatue, die 1630
von Brasilien nach Argentinien gebracht wurde. Nu-
estra Señora de Luján ist die Schutzheilige von Argentinien, Paraguay und Uruguay. Im Oktober 1975
fand die erste Jugendwallfahrt von Buenos Aires
nach Luján statt, die nun jedes Jahr am ersten Okto-
berwochenende wiederholt wird.

145 Ansprache zur Eröffnung der Arbeiten der V. Gene-
ralkonferenz der Bischofskonferenzen von Lateinamerika und der Karibik in Aparecida, 13. Mai 2007.

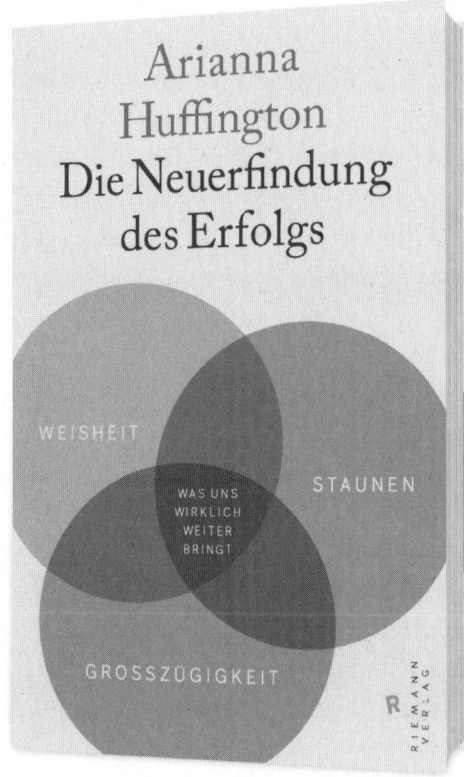